Jacobo Priegue Patiño, Laura Puente Martín

Cambridge IGCSE®

Spanish as a First Language

Workbook

CAMBRIDGE
UNIVERSITY PRESS

CAMBRIDGE
UNIVERSITY PRESS

University Printing House, Cambridge CB2 8BS, United Kingdom

One Liberty Plaza, 20th Floor, New York, NY 10006, USA

477 Williamstown Road, Port Melbourne, VIC 3207, Australia

314–321, 3rd Floor, Plot 3, Splendor Forum, Jasola District Centre, New Delhi – 110025, India

79 Anson Road, #06 -04/06, Singapore 079906

Cambridge University Press is part of the University of Cambridge.

It furthers the University's mission by disseminating knowledge in the pursuit of education, learning and research at the highest international levels of excellence.

www.cambridge.org

Information on this title: www.cambridge.org/9781316632963

© Cambridge University Press 2017

First published 2017
20 19 18 17 16 15 14 13 12 11 10 9 8 7 6

Printed in Great Britain by CPI Group (UK) Ltd, Croydon CR0 4YY

A catalogue record for this publication is available from the British Library

ISBN 978-1-316-63296-3 Paperback

....

Índice

Clave

 Repaso

 Lengua

 Cultura

iii

Actividad 1

Paso 1

Lee el texto rápidamente y piensa si para este joven su traslado fue:

a Voluntario u obligado

b Positivo o negativo

¡RECUERDA!

¿Cómo puedes captar el sentido general de un texto? Compruébalo leyendo de nuevo el consejo que hay en la Actividad 2 del libro del alumno.

LENGUA Y DIALECTO

El DRAE define "lengua" como un sistema de comunicación y expresión verbal propio de un pueblo o nación, o común a varios. En cambio, "dialecto" es un sistema lingüístico derivado de otro; normalmente con una concreta limitación geográfica, pero sin diferenciación suficiente frente a otros de origen común.

Un espacio para nuestra cultura: El testimonio de un joven indígena desplazado

VILLAVICENCIO, Colombia, 16 de agosto (ACNUR) - Tengo 26 años y debería hablar en mi dialecto, pero ya no lo recuerdo. Aprendí a hablar español para poder comunicarme con las personas de la ciudad y el dialecto se fue perdiendo.

¿Cómo llegué aquí?

Yo vivía con mi familia en el Vaupés, en la frontera colombo-brasilera. Mi papá recorría casi toda la zona, era enfermero y tenía trato con todos los grupos indígenas. Pero un día los grupos armados nos acusaron de ser informantes (del gobierno). Por eso nos tocó irnos de la zona. Escapamos de la selva hacia Mitú, (capital del departamento del Vaupés), hasta allá llegaron las amenazas, por eso seguimos camino hasta Villavicencio, son más de 500 kilómetros de recorrido.

Pero la vida aquí es diferente…

Al llegar a la ciudad entendimos que lo que habíamos dejado atrás era mucho más que la vivienda o la siembra. Nuestra dieta depende de la yuca dulce y aquí no se consigue, tuvimos que acostumbrarnos al arroz, a los frijoles.

Nuestras costumbres se ven afectadas. Para nosotros la tierra es como para ustedes una iglesia, donde se reúnen y se encuentran en comunidad, sin eso las costumbres se acaban. Ahora los jóvenes indígenas que nacen en la ciudad sienten un vacío cultural que sus padres no pueden llenar pues hace falta *el territorio sagrado*.

Nosotros no somos los únicos indígenas en Villavicencio. Aquí estamos más de 70 familias. Venimos de distintas etnias, pero todos somos 100 por ciento indígenas, por eso hemos pedido que nos ayuden a volver a nuestros territorios de origen o que nos permitan tener un nuevo espacio donde podamos *pervivir nuestra cultura*. Bueno, por ahora estoy estudiando Medicina…

Yesid

ACNUR

www.acnur.org

Paso 2

Lee el texto otra vez y elige la mejor respuesta para cada pregunta.

1 ¿Por qué está perdiendo Yesid su lengua indígena materna?

   a Porque sus padres piensan que su lengua indígena no tiene valor ni utilidad en la sociedad moderna, y prefieren que Yesid aprenda bien el español para tener más oportunidades profesionales.

   b Yesid está olvidando su lengua indígena materna porque a su llegada a su nuevo lugar de residencia tuvo que aprender el español para relacionarse con su nueva comunidad. No tiene la oportunidad de usar tanto su lengua materna indígena, y por eso está perdiendo práctica.

2 ¿Por qué crees que se refiere a su lengua indígena como "el dialecto"?

   a Porque es el término que utilizan los hispanohablantes para referirse a esta lengua, que desconocen e infravaloran.

   b Porque Yesid piensa que su lengua indígena materna no tiene valor fuera de su cultura y ni siquiera es una lengua, como el español o el inglés, sino un "dialecto". Tal vez piense también que probablemente los lectores no conozcan el nombre de su lengua, o que no les interese saberlo. No obstante, puede ser que la lengua materna de Yesid sea un dialecto de otra lengua indígena. Como no sabemos su nombre, no podemos comprobarlo ni investigarlo.

3 ¿Por qué tuvo que abandonar la familia la zona donde vivían, el Vaupés?

   a Yesid y su familia tuvieron que abandonar la zona donde vivían porque recibieron amenazas de los grupos armados que operaban allí. Les acusaron de ser espías del gobierno, porque el padre de Yesid trabajaba para el estado como enfermero.

   b Porque Yesid y su familia eran informantes del Gobierno, y los grupos armados lo descubrieron.

4 ¿Qué cambios notó Yesid en su nuevo lugar de residencia?

   a Yesid advirtió que muchas cosas eran diferentes, desde su alojamiento hasta la comida y muchas otras tradiciones.

   b Yesid advirtió que la población de esta zona tenía una calidad de vida mejor.

5 ¿Qué significado tiene la tierra para su cultura?

   a Para ellos la tierra lo es todo, porque les proporciona el sustento para vivir.

   b Yesid define la tierra propia de su pueblo como *el territorio sagrado*. Es el lugar de encuentro para toda su comunidad, donde se perpetúan las tradiciones.

6 ¿Qué reivindicación hace?

   a Yesid pide que la sociedad de acogida acepte su nueva cultura sin prejuicios.

   b Quisieran regresar a su tierra de origen u obtener un nuevo lugar propio en el que puedan preservar sus costumbres y modo de vida.

Paso 3

Reflexiona sobre las respuestas correctas anteriores. Señala sus cualidades:

- No son una copia literal de las palabras del texto

- Son largas

- Incluyen explicaciones relevantes para contestar la pregunta

- Tienen un estilo personal y propio
- No tienen errores de ortografía
- Ayudan a entender el texto con mayor profundidad y detalle
- Dan la respuesta correcta
- Dan prueba de que el lector ha comprendido bien el texto

Paso 4

Lee las siguientes oraciones y reflexiona sobre la diferencia de significado en los pares de palabras, como en el ejemplo. Después, compruébala con el diccionario.

¡RECUERDA!

¿Cómo puedes entender palabras concretas en un texto? Compruébalo leyendo de nuevo el consejo que hay en la Actividad 3 del libro del alumno.

> Aprendí a hablar español para poder comunicarme con las personas de la ciudad y el dialecto se fue perdiendo.
>
> Dialecto y lengua: La diferencia entre estos términos es que un dialecto es una variedad de una lengua, hablada en una región concreta o por un grupo de personas específico. En el pasado, la palabra dialecto se usaba despectivamente, y esto subyace en la manera en que Yesid se refiere a su lengua materna; probablemente esté usando la palabra que los hispanohablantes de la zona prefieren para aludir a esa lengua indígena.

1 La economía de los países de origen se ve impulsada hoy en día por las cuantías de dinero que los emigrantes envían a sus familias.

   Emigrantes-inmigrantes

2 La nación kurda continúa intentando que la comunidad internacional comprenda sus reivindicaciones.

   Nación-estado

3 A través de la jerga muchos jóvenes expresan su pertenencia a una determinada tribu urbana.

   Jerga-terminología

4 Los seguidores de esa secta actúan condicionados por una ideología perniciosa.

   Ideología-teoría

5 Aunque Marc es extranjero, habla español con acento vasco porque lleva muchos años viviendo en Bilbao.

   Acento-pronunciación

Paso 5

Lee el siguiente fragmento del texto, y compáralo con el párrafo a continuación.

Escapamos de la selva hacia Mitú, (capital del departamento del Vaupés), hasta allá llegaron las amenazas, por eso seguimos camino hasta Villavicencio, son más de 500 kilómetros de recorrido.

Escapamos de la selva hacia Mitú (capital del departamento del Vaupés). Sin embargo, hasta allá llegaron las amenazas, de manera que seguimos camino hasta Villavicencio, lo que son más de 500 kilómetros de recorrido.

TESTIMONIOS PERSONALES

Cuando el autor de un texto nos está relatando una experiencia personal a veces puede dar la impresión de que nos está hablando cara a cara, como en el caso de Yesid. La sobreabundancia de comas y la falta de conectores producen ese efecto, pero en los textos escritos debemos usar puntos y conectores para separar y unir las ideas. A veces los testimonios personales escritos son transcripciones de una entrevista.

Paso 6

Mejora los siguientes fragmentos del texto, usando conectores y la puntuación adecuada.

Nuestra dieta depende de la yuca dulce y aquí no se consigue, tuvimos que acostumbrarnos al arroz, a los frijoles.

....

....

Para nosotros la tierra es como para ustedes una iglesia, donde se reúnen y se encuentran en comunidad, sin eso las costumbres se acaban.

....

....

Actividad 2

Paso 1

Corrige los errores de gramática en el siguiente texto, la transcripción de un "podcast".

Querido oyente, ¿escuchastes mi "podcast" de la semana pasada? Entonces sabrás que hoy voy a reflexionar sobre el papel de la familia en el mundo contemporáneo. Aunque haiga gente que piense de que actualmente se están perdiendo los valores tradicionales, todos sabemos que durante los últimos años han habido muchos casos a nuestro alrededor de personas que han sobrevivido a la tragedia del paro gracias a la solidaridad de sus familias.

Sin embargo, si una persona me preguntaría si en el mundo todas las familias son iguales, la diría que no es así. Incluso en el mundo occidental han muchos tipos de familia, por ejemplo, monoparentales, que es como llaman los expertos a las familias con solo el padre o la madre, a causa de divorcios.

Además, si habrías viajado más allá de Europa te habrías dado cuenta de que en el mundo anglosajón los padres tienden a fomentar más la independencia de los hijos, mientras que aquí en los países mediterráneos se da más importancia al contacto físico, como besos y abrazos. Si iríamos más lejos, hasta África, veríamos que toda la comunidad que vive junta en un pueblo viene a ser una especie de familia.

Amigo oyente, gracias por escucharme hoy. Y a los jóvenes de hoy les recomendaría lo siguiente: ¡valorar a vuestras familias!

Paso 2

¿Recuerdas las reglas de acentuación? Coloca las siguientes palabras en el lugar correspondiente.

llanas	sobresdrújulas	agudas	esdrújulas

1   Las palabras .... son las que tienen la sílaba tónica en último lugar. Llevan tilde cuando acaban en vocal, -n o –s: compré, canción, anís. Excepción: si antes de la –s final hay una consonante, la palabra no lleva tilde: robots.

2   Las palabras .... son las que tienen la sílaba tónica en penúltimo lugar. Llevan tilde si no terminan en vocal, ni en –n, ni en –s: trébol, alférez, mártir. Excepción: Si antes de la –s hay otra consonante, la palabra lleva tilde: cómics.

3   Las palabras .... son las que tienen la sílaba tónica en antepenúltimo lugar. Siempre llevan tilde: cámara.

4   Las palabras .... son las que tienen la sílaba tónica antes de la antepenúltima. Siempre llevan tilde: coméntaselo.

Paso 3

Coloca las tildes en las siguientes frases célebres y los nombres de sus autores.

1   Las personas que nunca se preocupan por sus antepasados jamas miraran hacia la posteridad.

   Edmund Burker, politico y escritor irlandes

2   Una familia feliz es una conversacion que siempre parece demasiado corta.

   Andre Maurois, escritor frances

3   La familia es como una jaula; uno ve a los pajaros desesperados entrar, y a los que estan dentro igualmente desesperados por salir.

   Michel de Montaigne, filosofo frances

4   Ama a tus padres si son justos; si no lo son, soportalos.

   Publio Siro, poeta dramatico romano

5   Cada uno es artifice de su ventura.

   Cervantes, escritor espanol

Actividad 3

Paso 1

¿Qué te sugiere el título "Planta de invernadero"?

Paso 2

Planta de invernadero

En los remotos años cincuenta, Andrés, un muchacho murciano, de carácter apocado y aspecto anodino, aterrizó en una pensión de París regentada por una familia asturiana. Tenía una irrefrenable ilusión por recorrer las calles de la ciudad y dejarse imbuir de su atmósfera de romanticismo y desinhibición. Ansiaba probar la gastronomía gala, observar las costumbres de los parisinos y escuchar el acordeón a la orilla del Sena. En su lugar, sus anfitriones le ofrecieron fabada y le solazaron con conciertos de gaita, y Ninette, su hija, le embaucó para se quedara con ella en el piso durante toda su estancia. Cuando llegó la hora del regreso a Murcia, Andrés y Ninette se habían comprometido.

Antes de su llegada a España, a los dieciséis años, naturalmente Mark jamás había oído hablar de Miguel Mihura ni de su teatro, pero cuando tuvo que leer esta obra, *Ninette y un señor de Murcia*, para sus clases del instituto, no pudo evitar las carcajadas. La pareja de asturianos, que se hacían llamar por las versiones francesas de sus nombres, Madame Bernarda y Monsieur Pierre, le recordaban a muchos miembros de la colonia británica de Benidorm, que desayunaban cada mañana sándwiches de beicon en la terraza de sus apartamentos, que solo se cortaban el pelo en las peluquerías de habla inglesa, y a los que las averías únicamente podían solucionárselas fontaneros nacidos en Essex. Siempre había sentido un poco de lástima por sus compatriotas, atrapados en un monolingüismo pertinaz. ¡Cómo era posible que después de tanto tiempo residiendo en la Costa Blanca aún no supiesen más palabras en español que "fiesta" y "mañana"!

Mark se enorgullecía de lo bien que hablaba español. Cierto es que su familia había pasado las vacaciones en España desde que era un niño; cierto también que en Inglaterra se había sentido muy motivado para aprovechar al máximo las clases de español del instituto, sobre todo desde que sus padres empezaron a barajar la posibilidad de mudarse a Benidorm y empezar un negocio. Había puesto mucho esfuerzo en su español, dándose maratones de subjuntivo, atosigando a sus compañeros de clase con preguntas, sacando libros de la biblioteca; primero lecturas adaptadas, después traducciones de libros que ya había leído, y más tarde, las novelas hispanas que le gustaban a todo el mundo. De esa manera, a su vez, había pasado de ser "el nuevo Guiri" a convertirse simplemente en Mark, uno más de la pandilla, y las chicas encontraban su acento gracioso, casi tierno.

Con todo, Mark a veces se preguntaba si no estaba perdiendo algo, una esencia preciosa, pero frágil, que la colonia británica protegía con tenacidad, como una planta de invernadero que no pudiese sobrevivir bajo el sol del Mediterráneo.

Después de leer el texto, explica la metáfora que Mark utiliza en el último párrafo, y que le da título. ¿Qué metáfora utilizarías para referirte a estas situaciones?

1   Un viaje en tren por Europa en compañía de tus amigos

2   Un cambio completo en tu estilo de vestir

3   Un examen importantísimo

4   Una conversación memorable con una persona de tu familia

5   La visita de tu intercambio de idiomas

Paso 3

Lee la siguiente oración y comenta con tu compañero las palabras subrayadas. ¿Cuándo creéis que se escriben juntas, y cuándo separadas?

> Con todo, Mark se preguntaba <u>si no</u> estaba perdiendo algo.

Completa las siguientes oraciones con "si no" o "sino":

1 .... hubiese aprendido español, Mark habría encontrado mayores dificultades para integrarse en Benidorm.

2 Los compatriotas de Mark no solo se aferran a sus costumbres británicas, ... que también se resisten a aprenden español.

3 Podría considerarse .... hubiese sido mejor que estas personas hubiesen permanecido en sus países de origen, dada su avanzada edad.

4 No es sorprendente que Mark haya aprendido a hablar español, ... que incluso lea libros en esa lengua.

Paso 4

Intenta deducir el significado de los siguientes adjetivos sin utilizar el diccionario. Después, busca sus antónimos, y escribe oraciones en las que aparezcan.

Apocado
Anodino
Irrefrenable
Pertinaz

....

....

....

....

Paso 5

Reescribe las oraciones alterando la estructura y utilizando una palabra derivada de la subrayada, como en el ejemplo.

> Tenía una irrefrenable ilusión por recorrer las calles de la ciudad y dejarse imbuir de su atmósfera de <u>romanticismo y desinhibición</u>.
>
> Tenía una irrefrenable ilusión por recorrer las calles de la ciudad y dejarse imbuir de su atmósfera romántica y desinhibida.

1 Pocos españoles se muestran <u>sensibles</u> ante los problemas de adaptación de la colonia británica.

....

2 La colonia británica defiende su identidad con <u>pertinacia</u>.

....

3 Muchas personas aprenden a actuar con <u>astucia</u> para enfrentarse a la burocracia en un nuevo país.

....

4   Es necesario ser <u>ingenioso</u> para montar un negocio rentable en un mercado desconocido.

....

5   Para superar los retos de la vida diaria, los nuevos residentes deben mantener la <u>templanza</u>.

....

6   Es admirable que la colonia británica sea tan <u>solidaria</u> a la hora de recaudar fondos para asociaciones benéficas.

....

7   Para detectar una oportunidad de mercado, es preciso tener una gran <u>intuición</u>.

....

8   A la llegada a un nuevo país, es natural que las personas alberguen una dosis de <u>escepticismo</u> y duden si serán felices allí.

....

9   Algunas personas se comportan <u>apáticamente</u> con los extranjeros.

....

10 Muchos británicos <u>anhelan</u> la jubilación para poder mudarse a un país más cálido.

....

Actividad 4

Elige una opción:

A: Escribe un texto de 250 palabras sobre la identidad cultural de Yesid, el joven de la Actividad 1.

B: Yesid ha escrito el siguiente mensaje en un foro. Responde a su mensaje. Escribe un texto de 250 palabras dándole consejos.

> Queridos amigos del foro:
>
> Os escribo para pediros un poco de consejo. Hace ya tres meses que empecé a estudiar la carrera de Medicina aquí en Colombia, en una ciudad cercana al lugar donde vivo, Villavicencio. La verdad es que aunque ya llevo un tiempo instalado aquí, no termino de sentirme a gusto. Tal vez sea porque, por mis orígenes indígenas, me he criado de una forma muy diferente a la gente de aquí, sobre todo los jóvenes. En fin, ¿tenéis algún consejo que darme para relacionarme mejor con mis compañeros de facultad y con otros jóvenes de Villavicencio?

....

....

....

....

....

....

....

....

Capítulo 2

Mundos de ficción

¿Cómo puedes predecir el contenido de un texto? Compruébalo leyendo de nuevo el consejo que hay en la Actividad 1 del libro del alumno.

Actividad 1

En esta actividad vas a leer un fragmento del primer volumen de la Trilogía de Idhún, *La Resistencia*, escrita por Laura Gallego.

Paso 1

Relee la presentación incluida en la Actividad 4 del libro del alumno. ¿Te da el título una pista sobre el descubrimiento que harán Jack y Victoria en este fragmento?

Paso 2

Chris Tara

Chris Tara salió al escenario, aclamado por miles de fans. Tendría unos diecisiete años, vestía de negro, era ligero y esbelto, y se movía con la sutilidad de un felino. Y algo parecido a un soplo de hielo oprimió el corazón de Jack cuando lo reconoció.

El joven se plantó en mitad del escenario, ante sus seguidores, y levantó un brazo en alto. El pabellón entero pareció venirse abajo. Miles de personas corearon el nombre de Chris Tara, enfervorecidos, y las serpientes que adornaban sus ropas y sus cuerpos parecieron ondularse bajo la fría luz de los focos. Jack se sintió por un momento como si estuviera en mitad de un oscuro ritual de adoración a una especie de dios de las serpientes, y tuvo que cogerse con fuerza a la barandilla porque le temblaban las piernas. No había imaginado nada así ni en sus peores pesadillas.

– Decidme que estoy soñando – murmuró, pero las voces enardecidas de los fans, que aclamaban a su ídolo, ahogaron sus palabras, y nadie le oyó. Vio que Victoria se había puesto pálida y susurraba algo, pero tampoco pudo oír lo que decía.

Poco a poco, la música fue adueñándose del pabellón, por encima de las ovaciones. Y Chris Tara empezó a cantar. Su música era magnética, hipnótica, fascinante, como venida de otro mundo. Su voz, suave, acariciadora, sugerente.

Jack sintió que se le ponía la piel de gallina. Se inclinó junto a Victoria, todavía desconcertado, y le dijo al oído:

– ¿Ves lo mismo que yo veo? ¿Ese es Chris Tara?

Victoria lo miró y asintió, con los ojos muy abiertos.

– ¿No lo oyes cantar? Es él.

Jack sacudió la cabeza, atónito. Aquella situación era cada vez más extraña y él se sentía cada vez más agobiado por aquel ambiente opresivo, de modo que habló con más dureza de la que habría pretendido:

– ¿Me estás diciendo que tu cantante favorito es Kirtash? ¿Te has vuelto loca?

La Resistencia, Laura Gallego, 2007

Lee el texto y contesta las siguientes preguntas:

1 Lee desde "y algo" hasta "reconoció". Explica con tus propias palabras cómo se sintió Jack.

2 Lee desde "Jack se sintió" hasta "dios de las serpientes". ¿Por qué asocia Jack el concierto con un "ritual de adoración"?

3 En este fragmento de la novela aparecen muchas menciones a serpientes. ¿Por qué crees que es? ¿Cuáles son las connotaciones que tienen las serpientes en nuestra cultura?

4 En una de esas menciones se dice que "las serpientes que adornaban sus ropas y sus cuerpos parecieron ondularse bajo la fría luz de los focos". ¿Por qué se está produciendo este efecto? ¿Qué están haciendo los jóvenes asistentes al concierto?

5 La música de Chris Tara es descrita como "magnética, hipnótica, fascinante, como venida de otro mundo." ¿Cuál es el efecto que produce en el lector esta descripción? ¿Qué ideas parece reforzar?

6 En el primer párrafo del texto, se nos da una información incompleta: que Jack ha reconocido a Chris Tara. Después, la escritora va dando más pistas, llevando al lector a predecir quién es el cantante en realidad. Subraya las oraciones que contienen esas pistas.

7 Existe otro elemento en este texto que contribuye a intensificar la sensación de sorpresa y sobrecogimiento que se apodera de Jack y Victoria. ¿Cuál es?

8 Recuerda la información que leíste en la Actividad 4 del libro del alumno. ¿Quién es Chris Tara en realidad y cuál es su relación con Jack y Victoria?

Paso 3

Busca en el texto el vocabulario relacionado con las siguientes emociones y completa la tabla.

Pasión por algo o alguien	Sorpresa y temor

Paso 4

Elige dos palabras o expresiones de cada sección, y escribe una frase en la que aparezcan.

....

....

Paso 5

Añade más vocabulario a la caja del Paso 3.

Paso 6

En esta escena de la novela, una situación cotidiana (un concierto de rock) se ha convertido en una experiencia extraña, porque algunos de los elementos han sido alterados por otros de corte fantástico.

A continuación tienes varias situaciones. Imagina cómo podrían verse transformadas por la magia de lo fantástico, y escribe un párrafo que contenga la explicación y las palabras "como si" seguidas de subjuntivo, como en el ejemplo.

> *Una fiesta de cumpleaños*
>
> De repente, en mitad de la fiesta de cumpleaños, cuando iba a soplar las velas, las llamas empezaron a cambiar de color rápidamente. <u>Era como si saliese un arcoíris de la tarta</u>. Las voces de mi familia, que cantaban, comenzaron a hacerse más lejanas, y me sentí sola y desamparada, a pesar del bonito espectáculo de luz que había llenado la habitación.

Una clase de matemáticas

Un trayecto en metro

Un partido de baloncesto

....

....

....

....

Paso 7

Escribe la continuación del fragmento "Chris Tara" (100–150 palabras), centrándote en lo siguiente:

- Victoria explica por qué no se había dado cuenta de quién era en realidad su cantante favorito.

- Victoria explica cómo le hace sentir su error.

- La reacción de Jack

Tienes que utilizar tu imaginación, pero basándote en el texto. Puedes utilizar el vocabulario de los Pasos 3 y 4.

....

....

....

....

....

....

....

LITERATURA FANTÁSTICA

El elemento fantástico no solo está presente en la literatura juvenil. En la época del romanticismo se aparecían los fantasmas en los relatos de Gustavo Adolfo Bécquer o en la obra de teatro *Don Juan Tenorio* de Zorrilla. En el siglo XX, el realismo mágico latinoamericano de Gabriel García Márquez e Isabel Allende alcanzaron un enorme éxito internacional. La contraposición de lo cotidiano y lo sobrenatural es uno de los mayores atractivos de estas obras, pero también lo es el hecho de que a menudo no se aclare del todo si lo que los personajes están viviendo es real, o producto de su propia imaginación.

Actividad 2

Paso 1

¿Recuerdas cuándo llevan tilde las siguientes palabras? Señala la situación correcta y corrige los errores que haya en los ejemplos.

Reglas de acentuación

Que

Quien, quienes

Cual, cuales

Cuanto, cuanta, cuantos, cuantas

Cuando

Como

1   Llevan tilde cuando son conjunciones. Por ejemplo: María me dijo qué llegaría a las ocho.

2   Llevan tilde cuando son interrogativos directos. Por ejemplo: ¿Cuál es el mejor camino para llegar allí?

3   Llevan tilde cuando son exclamativos. Por ejemplo: ¡Cuánta gente ha venido al concierto!

4   Llevan tilde cuando son relativos. Por ejemplo: El corredor qué llegó último recibió un premio de consolación.

5   Llevan tilde cuando son interrogativos indirectos. Por ejemplo: Pregúntale a tu madre dónde ha puesto las tijeras.

Paso 2

Coloca los acentos que faltan en las siguientes frases:

1   ¿Cuantos libros has leído este año?

2   Alberto me contó que había recibido un encargo para ilustrar un libro infantil, y me preguntó que bocetos me gustaban más.

3   Me preguntaba cuanta gente vendría a la conferencia, pero al final se llenó el auditorio.

4   ¡Que alegría que se haya vendido tan bien tu libro!

5   El profesor de literatura me explicó como encontrar la información que buscaba.

6   Mi abuela me contó que cuando era joven había querido ser actriz.

7   ¿Que te ha parecido la nueva novela de Eduardo Mendoza?

8   Quien me interesa más de todos los personajes es el antihéroe.

9   Me pregunto cual de todos los pretendientes elegirá la princesa.

10 Como se acercaban las vacaciones de verano, busqué el carné de la biblioteca.

Paso 3

Coloca los acentos en estos títulos de la literatura hispánica y los nombres de sus autores.

La casa de los espiritus (Isabel Allende)

El amor en los tiempos del colera (Gabriel Garcia Marquez)

El cuarto de atras (Carmen Martin Gaite)

Juegos de la edad tardia (Luis Landero)

La sombra del cipres es alargada (Miguel Delibes)

Actividad 3

Paso 1

Echa un rápido vistazo a este apunte de blog antes de leerlo. ¿Qué tipo de texto crees que va a ser?

a   Una crítica de un libro

b   Una entrevista que le hacen al autor los seguidores de su blog

c   Un fragmento de un relato

Paso 2

Desde mi ventana: Blog de literatura de Mario Carrillo Zurita

Algunos de los seguidores de este blog sabéis que recientemente tuve el honor de ser galardonado con el premio de relato corto "Pluma Primeriza" que otorgan varias instituciones y asociaciones de la provincia de Jaén a escritores noveles. Quería dedicar el apunte de hoy a daros a todos las gracias por vuestros mensajes de enhorabuena. Voy a contestar a las preguntas que me habéis enviado por correo electrónico.

¿Cuándo comprendiste que tenías vocación de escritor?

Creo que no acierto a recordar un momento de mi vida en que no supiese que ese era mi destino: escribir. Cuando era niño ya me gustaba inventar mundos e historias fantásticas, aunque con los años mi estilo se ha vuelto más realista y en mis cuentos me gusta explorar temáticas con las que los lectores de hoy puedan conectar mejor: relaciones familiares o de pareja, disyuntivas que nos presenta la vida, epifanías en las que nos asalta un entendimiento profundo y repentino de nuestras existencias…

¿Cómo se te ocurren las ideas?

Un célebre pintor, creo que Picasso, dijo que prefería que la inspiración le pillase trabajando. ¡Si te quedases sentado esperando las ideas no escribirías jamás! Tengo un cuaderno en el que voy apuntando todo lo que se me ocurre según me muevo por el mundo como cualquiera: lo que leo en los periódicos o internet, lo que me cuenta la gente, lo que escucho en el autobús, lo que me inquieta o sorprende… A veces la idea de un cuento tarda mucho tiempo en surgir, y se compone de muchos apuntes diferentes.

¿Te relacionas con otros escritores jóvenes?

¿Cómo puedes resumir un texto? Compruébalo leyendo de nuevo el consejo que hay en la Actividad 2 del libro del alumno.

¡Por supuesto! Las conversaciones que tengo con ellos son vitales para mi obra. Monté mi primera tertulia literaria cuando estaba en la universidad. Nos reuníamos una vez a la semana en un cafetín de aire bohemio, hablábamos de los libros que estábamos leyendo, y preparábamos una revista literaria que nunca llegó a publicarse, porque al final la universidad no nos dio la subvención. Sin embargo, la experiencia me dio confianza para entablar relación con otros escritores a través de medios diferentes, y para empezar este blog, claro.

Por cierto, lo más divertido de aquella época de mi vida fue que una de las chicas que venía a la tertulia, y de la que nos reíamos un poco porque escribía unos poemas pésimos, ¡ganó la lotería de Navidad! Desde luego, ¡ella rió la última!

¿Recomendarías las escuelas de escritura creativa?

¡Por supuesto! Estas escuelas enseñan técnicas de escritura, como la caracterización de personajes o la organización de una trama. Te enseñan métodos para generar ideas, y sobre todo, disciplina. Los escritores más productivos tienen horario de oficina, y no se pasan el día mirando a las musarañas a la espera de que llegue la inspiración, como he dicho antes. En el extranjero, estos cursos se realizan en la universidad y los estudiantes pueden graduarse en escritura creativa.

Escribe un resumen de las respuestas de Mario, basándote en la información y las ideas expuestas en ellas, pero utilizando tus propias palabras (150 palabras).

....

....

....

....

....

....

....

Paso 3

Subraya los términos con connotaciones religiosas que Mario utiliza para hablar de la labor literaria, y comprueba los significados en el diccionario si es preciso. ¿Por qué piensas que los utiliza? ¿Qué efecto producen?

CONNOTACIONES

Se puede aplicar el vocabulario especializado de un determinado campo temático (como una ciencia o una profesión) a otro insólito, explotando sus connotaciones con fines expresivos.

Paso 4

Rellena los huecos con la palabra adecuada.

| Profeta | Mártir | Comunión | Evangelio | Palma | Procesión |
| Cruz | Misticismo | Éxodo | Peregrinación | | |

1 A María le encanta entrar en .... con la naturaleza cada mañana, y hace taichí en el parque todos los días.

2 Una larga .... de manifestantes se dirigía hacia el lugar de reunión, portando sus pancartas.

3 El país carga con la .... del paro desde hace ya varias décadas.

4 El periódico que publicó ese artículo tan grosero sobre el nuevo Premio Nobel de la Paz se lleva la .... de la impertinencia.

5 Este manual de Windows es mi .... particular. ¡Sin él estaría perdida!

6 Los economistas se han convertido en los .... espontáneos de nuestro tiempo, porque siempre están prediciendo el futuro de nuestro país en los medios de comunicación.

7 Esta chica se comporta con mucho .... últimamente. Se la ve muy ensimismada en sus cosas, solo lee libros de Paulo Coelho y tiene su cuarto lleno de velas y barritas de incienso.

8 Cuando llega el mes de agosto se produce el gran .... hacia la costa.

9 En la última caminata que hicimos vino con nosotros una prima de Paco que ejerció de .... durante todo el recorrido. ¡Se quejaba constantemente de que le iban a salir ampollas en los pies!

10 La gente se dirigía como en .... hacia la entrada del pabellón donde se iba a celebrar el concierto.

Actividad 4

Escribe un resumen de uno de estos textos (150 palabras):

Opción A: El último libro que hayas leído

Opción B: La última película que hayas visto

Opción C: Una entrevista a tu cantante o actor favorito

Actividad 1

Paso 1

Busca en el texto a qué se refiere el título *Tu mejor yo*.

¿Cómo puedes encontrar información específica en un texto? Compruébalo leyendo de nuevo el consejo que hay en la Actividad 1 del libro del alumno.

Paso 2

Tu mejor yo

– ¡Íñigo! ¿Qué pasa? ¿Por qué se ha cortado el agua? Los grifos están atascados y no me puedo seguir duchando. ¡Caray, qué frío!

Íñigo suspiró y se encaminó hacia el cuarto de baño. Ser vástago de programadores informáticos a mediados del siglo veintiuno tenía estos inconvenientes. A veces tenía la impresión de que el hogar familiar había mutado para convertirse en el laboratorio de dos científicos excéntricos. Para más inri, Gonzalo y él tenían que ser los conejillos de indias con los que sus padres probaban sus últimas aplicaciones.

Habían pasado por todo. Íñigo había tenido un profesor particular de inglés, virtual, claro, que emergía de la tableta como un genio lo hubiese hecho de una lámpara, pero que hablaba con una mezcla del idioma de la época renacentista y la jerga juvenil actual. Durante una temporada su madre intentó retocar el programa, pero nunca llegó a solucionar el problema lingüístico porque se distraía haciendo el vestuario del profesor cada vez más sofisticado. Por su parte, Gonzalo había sido agasajado con un regalo utilísimo: una aplicación que, cada vez que dejaba un objeto en un sitio, le vociferaba que ahí no se ponía, y le daba las coordenadas exactas del lugar correcto. En esta ocasión su padre había sido el creador de aquella joya, dotada espontáneamente de un poder maléfico y juguetón, puesto que en el momento en que se le obedecía, te marcaba unas nuevas coordenadas para el mismo objeto. Y así, *ad infinitum*.

Íñigo se estaba planteando seriamente seguir la misma carrera profesional que sus padres para poder vengarse de ellos. Aquel fin de semana se habían marchado apresuradamente a un congreso en los Estados Unidos. Ya con el taxi en la puerta, su madre les había dicho que había instalado en el ordenador familiar una de sus nuevas aplicaciones, llamada grandilocuentemente *Tu mejor yo*.

– ¿Y eso se puede saber qué es, mamá?

– Bueno, la verdad es que aún no lo he terminado del todo, pero las funciones básicas ya están disponibles, y me dije, "¿por qué no?". Me ha parecido el momento perfecto para probarlo.

– Sí, mamá, pero ¿qué es?

– El mismo nombre lo dice: la madre que yo quisiera ser. La madre que mejor podrá cuidaros mientras estamos fuera.

– Pero mamá, yo ya casi tengo 18 años y creo que puedo encargarme de Gonzalo. ¡Lo tengo casi domado!

– Lo sé, lo sé, pero este nuevo programa actúa como un mecanismo de seguridad. Se encargará no solo de vuestro bienestar, sino también de que no corráis ningún riesgo.

Me permite vigilar la situación desde lejos, intervenir si pasa algo, y recibiré mensajes regularmente.

– ¡Qué interesante, mamá! ¿La maquinita te va a escribir si no nos comemos toda la verdura?

– ¡No seas sarcástico, Íñigo! Hala, hasta el lunes.

Gonzalo no se equivocaba. Los grifos se habían bloqueado, e Íñigo le conminó a quitarse el jabón como pudiera en el lavabo, y en general a cargarse de paciencia durante el resto del fin de semana. Cuando comprobaron el ordenador familiar, resultó que Gonzalo se había excedido en el tiempo programado para la ducha, y se había cortado el agua automáticamente por si había una fuga.

– No sabía que mamá estuviera tan preocupada por la fontanería de la casa… En fin, menos mal que tendrá mucho lío en el congreso y no se va a acordar de leer los mensajes.

Cuando llegó la tarde, Íñigo y Gonzalo se hallaban al borde de la desesperación. Rebautizaron la aplicación como *El yo psicópata*. Pretendía matarlos de aburrimiento. ¿Habría brotado de un lado oscuro que albergaba su madre, y que había mantenido oculto hasta este momento? Iban de sorpresa en sorpresa. Íñigo tenía que escribir un trabajo para el instituto, y le salían burbujitas en el documento que hacían comentarios jocosos sobre lo que iba escribiendo. Cuando intentó llamar a su novia para contarle sus cuitas domésticas, el teléfono bloqueó la llamada y salió en la pantalla una cita poética ("*Se hace camino al andar*") instándole a que se concentrase en sus estudios. En cuanto a Gonzalo, cada media hora se le vedaba uno de sus juegos de ordenador, y la impresora generó una lista de *Actividades de ocio*, que incluía saltar a la comba, hacer una tarta de chocolate o leer los *Episodios Nacionales* de Galdós. Íñigo se preguntaba cómo podrían tener sus padres tanto éxito profesional a juzgar por los primeros embriones de sus programas informáticos.

El colmo fue la comida, claro. El lavavajillas no dejó de dar un pitido estruendoso hasta que metieron cada uno de los cubiertos. Casi se quedaron sordos buscando una cucharilla que se había caído al suelo, y que no aparecía por ningún lado.

Íñigo sintió un gran alivio al comprobar que la tele funcionaba. Sentados en el sofá, los dos hermanos miraron un momento a su alrededor, como si el enemigo los hubiera cercado.

– ¡Íñigo, esto no hay quien lo aguante! ¿Qué hacemos?

¿Cómo puedes llegar a una opinión sobre el contenido de un texto de ficción? Compruébalo leyendo de nuevo el consejo que hay en la Actividad 2 del libro del alumno.

Contesta las siguientes preguntas:

1 Lee el segundo párrafo desde "Íñigo suspiró" hasta "sus últimas aplicaciones". ¿Le gusta a Íñigo ser hijo de programadores informáticos? Razona tu respuesta.

2 Lee el tercer párrafo desde "por su parte" hasta *"ad infinitum"*. ¿Qué opinión tiene Íñigo de la aplicación creada por su padre para mantener ordenada la casa? Razona tu respuesta.

3 Explica con tus propias palabras por qué la aplicación que ha creado la madre de Íñigo y Gonzalo se llama *Tu mejor yo*.

4 Lee el diálogo entre Íñigo y su madre. ¿Tiene Íñigo confianza en la aplicación que van a probar durante el fin de semana? Razona tu respuesta.

5 Explica con tus propias palabras por qué los hermanos rebautizan la aplicación como *El yo psicópata*.

6 ¿Por qué crees que la aplicación bloquea los juegos de ordenador de Gonzalo cada 30 minutos?

7 ¿Qué detalles crees que indican que la aplicación *Tu mejor yo* no está funcionando bien?

Paso 3

Busca en el texto un sinónimo de las siguientes palabras:

Surgir	Transformarse	Decir a gritos	Travieso	Penas
	Pedir	Producir	Ruidoso	Apremiar

Paso 4

Reescribe las siguientes oraciones del texto utilizando la palabra entre paréntesis, como en el ejemplo.

> Ser vástago de programadores informáticos a mediados del siglo veintiuno tenía estos inconvenientes. (progenitores)
>
> El hecho de que tus progenitores fuesen programadores informáticos a mediados del siglo veintiuno tenía estos inconvenientes.

1   A veces tenía la impresión de que el hogar familiar había mutado para convertirse en el laboratorio de dos científicos excéntricos. (mutación)

....

2   Gonzalo se había excedido en el tiempo programado para la ducha. (sobrepasar)

....

3   Cada media hora se le vedaba uno de sus juegos de ordenador. (prohibición)

....

4   Sentados en el sofá, los dos hermanos miraron un momento a su alrededor, como si el enemigo los hubiera cercado. (emboscada)

....

Paso 5

¿Qué polémica actual se presenta en este texto? Indica tres palabras o expresiones que parodian el carácter científico de los programas que crean los padres de Íñigo y Gonzalo.

Paso 6

Imagina que eres Íñigo. Escribe un mensaje de correo electrónico urgente a tu madre. Debes centrar tu mensaje en:

a   Explicarle que el programa *Tu mejor yo* no está funcionando bien. Resume los problemas que está causando y pídele a tu madre que baje el volumen del televisor a través de la aplicación, porque se ha subido en exceso.

b   Darle tu opinión del programa *Tu mejor yo*.

c   Pedirle ayuda, por ejemplo para ajustar o desconectar el programa desde casa.

¿Cómo puedes utilizar un vocabulario rico, preciso y expresivo? Compruébalo leyendo de nuevo el consejo que hay en la Actividad 2 del libro del alumno.

LA PARODIA:

Los textos humorísticos y sarcásticos pueden parodiar tipos específicos de textos o géneros literarios, a través de la imitación de su estructura y su lengua. No solo pretenden divertir al lector, sino también hacerle consciente de una realidad sobre la que se debería pensar con más detenimiento.

¿Cómo puedes escribir cartas informales? Compruébalo leyendo de nuevo el consejo que hay en la Actividad 3 del libro del alumno.

18

Escribe unas 250–300 palabras. Basa tu mensaje en la información que da la historia *"Tu mejor yo"* y en las ideas en ella recogidas, utilizando tus propias palabras.

....

....

....

....

....

....

....

....

....

....

....

....

Actividad 2

¿Cuál es la diferencia entre las palabras en el recuadro? Piénsalo y después utilízalas para rellenar los huecos con las palabras correctas.

porque	porqué	por que	por qué

1 Sus argumentos no explican .... se ha llegado a esta situación.

2 ¡Has llegado tarde al examen! ¿Podrías explicarme el .... ?

3 ¿.. no ha funcionado el programa antivirus en este caso?

4 Se esforzaron .... el huésped se encontrase a gusto.

5 ¿.. no se han encontrado soluciones a este problema?

6 Me pregunto .... últimamente mi hermana actúa de esta manera.

7 Daría cualquier cosa .... me concedieran la beca.

8 No logramos dar con el .... de la avería.

Actividad 3

Paso 1

¿Recuerdas qué son los diptongos y los hiatos? Rellena los huecos con la palabra adecuada.

a   Los .... son dos vocales que se pronuncian en una misma sílaba.

b   Los .... son dos vocales que se pronuncian en sílabas distintas.

Paso 2

Existen dos tipos de diptongos:

a   Cuando van juntas una vocal abierta (a, e, o) y una cerrada (i, u): *paisaje, androide*

b   Cuando solo hay vocales cerradas diferentes (i, u): *ciudad, buitre*

Los diptongos siguen las normas de acentuación habituales. ¿Recuerdas en qué vocal se pone el acento?

a   En la vocal ....

b   En la vocal ....

Paso 3

Hay varios tipos de hiatos. Lee la información y piensa si la h- afecta o no a los hiatos.

a   Cuando van juntas dos vocales iguales: *dehesa*

b   Cuando van juntas dos vocales abiertas: *ahora*

c   Cuando van juntas una vocal abierta y una vocal cerrada tónica: *maíz, rehúsa*

Los hiatos siguen las normas de acentuación habituales, pero en el tercer tipo la tilde va en la vocal cerrada, para indicar el hiato: *país, me habitúo.*

Paso 4

Coloca los acentos en las siguientes oraciones:

1   ¿Donde estais? No os veo.

2   Me encantan los buhos.

3   Si pudieramos os llevariamos en coche.

4   Harias muy bien en pensartelo mejor.

5   Fue terrible que tantas personas se vieran afectadas por el desahucio.

6   Reconstrui el castillo de Lego que María había derruido.

7   ¿A que hora cierra la farmacia?

8   Estan celebrando en la ciudad un congreso de zoologos.

9   Despues, abrio el baul y encontro un buen monton de ropa vieja.

10 El poeta rehuyo la compañia de la gente y se concentro en terminar su libro.

Actividad 4

Paso 1

Coloca los acentos en el primer fragmento de este texto.

Luces y sombras de internet

La revolucion digital marca nuestras vidas desde el advenimiento de internet y las tecnologias moviles. Un examen de nuestras actividades diarias revelaria que el movil ha sustituido al despertador, que recibimos nuestros avisos de amigos, familiares y otros grupos a traves de Whatsapp, y que pasamos gran parte de nuestra jornada laboral contestando un correo electronico tras otro.

Son evidentes las ventajas que nos proporciona internet para encontrar informacion, realizar tramites y compras, comunicarnos instantaneamente a nivel internacional y ampliar nuestras posibilidades de trabajar o estudiar desde el hogar. En particular, ofrece oportunidades a las personas que sufren limitaciones, ya sea por causa de discapacidades, o por circunstancias de tipo familiar o personal.

Paso 2

Lee el segundo fragmento del texto e indica la palabra con la ortografía correcta:

Sin embargo, el impacto de las nuevas tecnologías no es siempre positivo. **Agudiza/agudisa** las desigualdades sociales y económicas, **arrinconando/arinconando** del todo a aquellas comunidades que no pueden **aceder/acceder** a internet. Según datos de 2015 **recogidos/ recojidos** por Internet World Stats, en la Unión Europea, de una población de 507.970.816 personas, 402.937.674 son usuarios de internet. Esto contrasta con la situación en Sudamérica, **dónde/donde** la población es de 408.671.380 personas, pero donde solo hay 249.291.302 usuarios.

Por otro lado, los atractivos que presenta internet pueden empañarse para los **siudadanos/ ciudadanos** que se vean víctimas de estafas, falsificaciones de su identidad, o acoso cibernético. En un estudio universitario sobre el uso de las redes sociales entre la juventud, un 50 por ciento de los entrevistados admitió que había recibido comentarios desagradables, mientras que un treinta por ciento **tubo/tuvo** que soportar amenazas y un veinte por ciento, insultos. Se podría considerar preocupante también que un 60 por ciento de estos jóvenes **haya/halla** accedido a tener encuentros personales con contactos que había establecido a través de la red.

Internet y las tecnologías móviles se han convertido en un aspecto ineludible de nuestras vidas, y es predecible que su uso continúe **estendiéndose/extendiéndose** y sofisticándose. Sería deseable que como parte de ese proceso se **redusca/reduzca** la brecha entre los países ricos y los que continúan en vías de **desarroyo/desarrollo**. Sin embargo, a los ciudadanos nos conviene mantener una actitud crítica y prudente ante los reclamos de la red.

Actividad 1

Paso 1

Lee la primera oración del texto y piensa en qué lugar puede encontrarse en esos momentos el narrador. ¿Qué palabras te dan la única pista?

A las ocho y cinco se abrieron las cortinas y luego todo fue sucediendo muy rápidamente, como en uno de esos sueños en los que uno no puede hacer nada para detener el tiempo, para dominar la situación. Lo que más me sorprendió fue que el público reaccionaba muy bien a los chistes, a las frases ocurrentes, a las ironías de los protagonistas. Lo oíamos reír y sorprenderse al otro lado de aquel enorme agujero que delimitaba la embocadura del escenario. Era como un monstruo informe dotado de cientos de gargantas que resonaban en la oscuridad. Creo que sus risas nos animaron bastante. Ya no se trataba de divertir a aquel siniestro grupito que había venido a vernos la víspera. Ahora se diría que todos aquellos hombres y mujeres *estaban de nuestra parte.*

De nuevo me pareció que mi escena llegaba demasiado pronto, como si la comedia se hubiera reducido misteriosamente. A las nueve y cuarto ya estaba detrás del decorado, listo para llamar al timbre de la puerta. Nunca olvidaré esa primera impresión, la de entrar en aquel recinto iluminado y vislumbrar allí enfrente la temible mirada del monstruo, su expectante inmovilidad. Al principio traté de olvidar su existencia, pero otra vez me di cuenta de que solo deseaba divertirse, reír con nosotros, disfrutar de la acción. Escuché su ruidosa carcajada cuando le dije a *Susana* que yo era hincha del Numancia. Y también cuando le propuse pasar la aspiradora para que ella pudiese hacer las maletas. Era una sensación fantástica, como la de pulsar una tecla invisible y oír, un instante después, la nota exacta. Estaba tan emocionado que me salté una frase. Hubo unos momentos de dramático silencio, y luego Eva se volvió hacia mí y me susurró sin mover los labios:

– ¡Sigue! ¡Sigue!

Creo que conseguí recuperar el hilo de la acción sin que nadie se diera cuenta.

Más tarde, cuando *Alberto* me sorprendió abrazando a su novia, oí de nuevo la gozosa reacción del público y deseé que la escena no terminase nunca. Y es que era una sensación fantástica la de provocar aplausos y risas. Imagino que miles de actores de todo el mundo han experimentado lo mismo muchas veces a lo largo de la historia, pero para mí era algo nuevo y maravilloso oír el eco de mis frases convertido en murmullos de sorpresa y emoción. (…)

Al final, se terminó la pieza y, uno tras otro, fuimos saliendo a saludar. Primero, los vecinos y los amigos de la pareja; luego, los dos protagonistas y, por último, el director. A continuación, Víctor arrastró hacia el proscenio a Lorenzo Melgosa (que había aparecido entre bastidores sin que nadie le hubiera visto llegar), y al encargado del atrezo, y a los apuntadores, y un aplauso rotundo y maravilloso fue cayendo como un benéfico bálsamo sobre todos los que habíamos participado en aquella empresa algo romántica y quijotesca: la de hacer oír la humilde voz de un autor de provincias en un mundo que parecía volver la espalda a todo lo que no fueran imágenes electrónicas, realidades virtuales y pantallas coloreadas.

!Pide otra pizza, por favor!, Jesus Carazo, 2003

¿Cómo puedes identificar una secuencia de eventos? Compruébalo leyendo de nuevo el consejo que hay en la Actividad 2 del libro del alumno.

Paso 2

Lee el texto y realiza las actividades:

1 Lee desde "a las ocho y cinco" hasta "dominar la situación". ¿Por qué crees que el narrador tiene la impresión de que el tiempo está pasando muy deprisa en ese momento?

2 Lee desde "lo oíamos" hasta "la oscuridad". ¿Qué es lo que se califica aquí como un "monstruo"? ¿Por qué realiza el narrador esta asociación de ideas?

3 Explica con tus propias palabras por qué se habla posteriormente de su "expectante inmovilidad".

4 ¿Por qué crees que los nombres *Susana* y *Alberto* están escritos en cursiva en el texto?

5 Lee desde "era una sensación" hasta "la nota exacta". Explica con tus propias palabras la comparación que está haciendo el narrador.

6 ¿Qué doble sentido tiene aquí la expresión "dramático silencio"?

7 ¿Por qué se describe el aplauso final como un "benéfico bálsamo"?

8 ¿Por qué se describe este proyecto teatral como una empresa "quijotesca"?

Paso 3

Realiza las siguientes actividades de lengua:

1 Subraya en el texto los conectores que señalan la secuencia de eventos en la representación teatral.

2 Explica cómo contribuye la puntuación del último párrafo a marcar la secuencia final de eventos.

3 Subraya en el texto el vocabulario específico del campo teatral.

4 Escribe un sinónimo de las siguientes palabras:

Ocurrente	Delimitar	Embocadura	Informe
Siniestro	Vislumbrar	Temible	Gozoso

5 Escribe una oración con cada una de estas palabras del texto.

....

....

....

....

....

....

....

....

6 Escribe la puntuación correcta en el siguiente texto, compuesto de dos oraciones separadas por un punto:

Después de las ovaciones toda mi familia se acercó a felicitarme mi abuela con sus amigas del barrio mis padres mi hermano y su nueva novia Edurne y mi tío Carlos que t era un gran aficionado al teatro. Todos dijeron que se sentían muy orgullosos de mí había demostrado ser una persona valerosa y perseverante.

ACENTUACIÓN DE LOS TRIPTONGOS

Los triptongos son un conjunto de tres sílabas que se pronuncian en una sola sílaba. Con respecto a la acentuación, tenemos un triptongo cuando hay una vocal abierta (a, e, o) en medio de dos cerradas átonas. Siguen las normas habituales de acentuación, y la tilde se coloca sobre la vocal abierta: anunciáis.

¿Cómo puedes identificar relaciones de causa y efecto? Compruébalo leyendo de nuevo el consejo que hay en la Actividad 1 del libro del alumno.

Paso 4

Escribe un texto describiendo tu participación en un evento educativo, artístico o deportivo. Debes centrar tu respuesta en:

- Las diferentes etapas de tu participación

- Tus sentimientos personales

- La reacción de tu familia y amigos

Escribe unas 200–250 palabras. Basa tu respuesta en el ejemplo que te da este texto y las ideas en él recogidas, utilizando tus propias palabras y el léxico especializado de la actividad que hayas elegido.

....
....
....
....
....
....
....
....
....
....
....
....
....
....

Actividad 2

Coloca los acentos en las siguientes oraciones:

1 Os suplico por favor que aprecieis todo el trabajo que se esta realizando por vosotros.

2 No efectueis esta tarea sin poneros todo el equipamiento de seguridad indicado.

3 Siempre envidiais a las personas famosas que salen en las revistas.

4 ¿Me cambiais el turno?

5 Si averiguais la verdad, comunicadmela de inmediato.

6 Tengo la esperanza de que finalmente asocieis la teoria y la practica.

7 En cuanto os habitueis a la situacion actual implementaremos los siguientes cambios.

8 No es aconsejable que menosprecieis las consecuencias de lo que habeis hecho.

9 Os pido que actueis con prudencia.

10 Si estudiais para el examen con tiempo, pasareis menos nervios en su dia.

Actividad 3

Imagina qué pasaría en las siguientes circunstancias hipotéticas, y escribe un pequeño párrafo utilizando las palabras que están entre paréntesis.

a ¿Qué pasaría si en las ciudades no hubiese espacios verdes para el ocio?
(como consecuencia de)

....

....

b ¿Qué pasaría si los adolescentes recibiesen del estado un pequeño sueldo para incentivar el estudio?
(a fuerza de)

....

....

c ¿Qué pasaría si se prohibiese el consumo de alcohol?
(por lo tanto)

....

....

d ¿Qué pasaría si desapareciese internet?
(por consiguiente)

....

....

e ¿Qué pasaría si nos invadieran los extraterrestres?
(debido a)

....

....

Actividad 4

Estas personas están respondiendo a las preguntas de una encuesta de audiencia televisiva. Imagina que tú tienes la opinión contraria, y exprésala escribiendo un párrafo.

a ¿Qué opina usted de los culebrones?

"Los culebrones son programas televisivos que carecen de valor. Los argumentos son inverosímiles y repetitivos; los personajes caen en lo estereotípico; y los guiones están muy mal escritos. No hay nada que me aburra más".

....

....

....

....

b ¿Qué opina usted de los partidos de fútbol?

"Los partidos de fútbol son lo mejor que hay en la televisión. ¡Por algo se le llama 'el deporte rey'! No solo es un deporte interesantísimo, que requiere una gran habilidad por parte de los jugadores, sino que además forma parte del acervo cultural de nuestras naciones".

....

....

....

....

c ¿Qué opina usted de los concursos?

"No encuentro ningún sentido a la existencia de los concursos televisivos. Los concursantes suelen ser personas insípidas, carentes de conocimientos, destrezas prácticas e incluso suerte. A menudo los programas terminan sin que nadie haya ganado nada en realidad".

....

....

....

....

¿Cómo puedes usar conectores y marcadores del discurso para escribir un texto con cohesión? Compruébalo leyendo de nuevo el consejo que hay en la Actividad 3 del libro del alumno.

Actividad 5

Paso 1

Lee el título de este artículo. ¿Sobre qué tema crees que va a dar su opinión el autor?

Paso 2

Elige el conector o marcador del discurso más adecuado en cada caso:

Bicicleta sin alas

A mediados del siglo veinte el poeta gaditano Rafael Alberti se ufanaba de tener, a sus cincuenta años, una bicicleta. Dejaba para los ricos la ostentosidad de los coches deportivos, los yates aristocráticos e incluso las avionetas privadas; él prefería la libertad humilde de su bicicleta, con la que recorría "bosques urbanos, caminos ruinosos y calles asfaltadas". Hoy en día los ciclistas deambulamos por esos mismos escenarios, **y/pero** si Alberti se nos uniese muy posiblemente reaccionaría con estupor y espanto ante la animadversión que parecen tenernos nuestros conciudadanos.

La bicicleta solía ser un símbolo de esa modernidad nórdica a la que siempre hemos aspirado. Empezó a venerarse por ser un medio de transporte no contaminante y un deporte saludable para la población, que se estaba volviendo demasiado sedentaria. **En consecuencia / Por el contrario** los ayuntamientos construyeron una buena red de carriles bici y acordaron nuevas normativas para regular el tráfico de vehículos, motocicletas, bicicletas y peatones. **Sin embargo / Además** a día de hoy continuamos tan lejos como siempre de los comportamientos modélicos de Holanda o Dinamarca. Muchos usuarios no solo no respetan las normas, sino que las desconocen. No es inhabitual que se increpen los unos a los otros en las calles de nuestras ciudades, **por esa razón / aunque** el mayor número de acusaciones nos lo llevamos los ciclistas.

Se dice de nosotros que cuando los semáforos se ponen en rojo, nos saltamos a la acera; que adelantamos de forma indebida; que no nos paramos en las esquinas; que vamos demasiado deprisa y que cuando circulamos en grupo nos creemos los dueños de la calle. Es cierto que ni las ciudades ni los parques pueden convertirse en circuitos de entrenamiento: para eso están los velódromos. Claro está también que los ciclistas debemos obedecer las reglas del tráfico para minimizar el número de accidentes. **Entonces / No obstante** se habla menos de los riesgos que corremos los ciclistas. Algo tan sencillo como una puerta que se abre con descuido en un coche aparcado puede tener un efecto gravísimo sobre un ciclista, **ya que / mientras que** es muy vulnerable. Muchos automóviles giran sin intermitente, cerrándonos peligrosamente el paso. El ciclista urbano se ve sometido a un clima de hostilidad constante, acosado por los pitidos y los insultos. El mensaje es claro: pretenden que por miedo abandonemos y les dejemos el campo libre. Ni siquiera en los carriles bici pueden evitarse los problemas, **dado que / conque** a menudo se ven invadidos por familias con carritos o patinetes de niño o por peatones paseando a sus perros.

Por consiguiente / Por otro lado también existen serios riesgos en el ciclismo de montaña. En los últimos tiempos ha nacido la siniestra moda de colocarles trampas a los ciclistas. Se trata usualmente de maderas con clavos o varas de metal semienterradas en el suelo, y de alambres atados entre dos árboles. Hay quienes alegan que los corredores ciclistas entramos de manera ilegal en cotos de caza o en terrenos de propiedad privada, y que **como resultado / pese a ello** los dueños tienen que actuar para desalentar a los intrusos. **A causa de esto / De hecho** esta clase de trampas son un delito y los ciclistas debemos hacer todo lo posible para denunciar la situación a las autoridades competentes. No está de más que tomemos algunas fotos y alertemos a otros ciclistas a través de las redes sociales.

Es lamentable que un medio de transporte ecológico como la bicicleta, un deporte sencillo y asequible a todos, no cuente con el respeto de la sociedad. Si ni siquiera conseguimos ponernos de acuerdo en cómo circular por nuestros caminos y carreteras, ¿cómo podremos cooperar para legar a las nuevas generaciones un mundo más justo, próspero y seguro? Reconozco que siento envidia por aquella libertad de la que gozaba Alberti sobre su bicicleta "con alas".

27

¿Cómo puedes escribir un artículo de opinión? Compruébalo leyendo de nuevo el consejo que hay en la Actividad 3 del libro del alumno.

Paso 3

Define con tus propias palabras los siguientes términos:

Ostentosidad: ....

Deambular: ....

Estupor: ....

Animadversión: ....

Alertar: ....

Legar: ....

Paso 4

Escribe un artículo de opinión (500 palabras) sobre uno de los siguientes temas:

a Los problemas que causan los ciclistas

b Los riesgos que sufren los ciclistas

c Los beneficios de la práctica del ciclismo

....

....

....

....

....

....

....

....

....

....

....

....

....

....

....

....

Actividad 1

Contesta las siguientes preguntas. Después lee el texto y compara tus respuestas.

1 ¿Sabes qué es el Halloween y de dónde es originario? Coméntalo con tus compañeros de clase.

2 ¿Qué diferencias y similitudes crees que existen entre el carnaval y el Halloween?

¿Carnaval o Halloween?

Halloween se celebra en España desde hace poco tiempo. Cierto: no es una fiesta oficial y hay gente a la que no le gusta por su carácter "importado" o "poco respetuoso con los difuntos"; pero también es verdad que tiene mucha popularidad y cada año cobra más fuerza. Hasta tal punto ha llegado su aceptación que poco a poco se está "españolizando". ¿Por qué Halloween está triunfando en España? Os contamos algunas razones: las hay tanto filosóficas como prácticas.

Se habla en algunos círculos de una especie de "recuperación histórica de la fiesta". Parece ser que en pueblos de la Galicia y Asturias del siglo XVIII podían verse niños llevando lámparas y pidiendo comida a las puertas de las casas en la víspera del día de Todos los Santos: no es algo muy bien documentado, pero a favor de este argumento diremos que en la zona norte de España está muy arraigado el sentimiento de pertenencia a la cultura celta, de la que es originaria Halloween.

Otros prefieren hablar de esa curiosa actitud tan latina de hacer bromas con la muerte y verlo como algo poco serio. Nos reiríamos del miedo a la parca y, como los condenados, aprovecharíamos la noche anterior al día de difuntos para organizar fiestas e, irónicamente, disfrutar de la vida. Es algo muy complicado y que pueden rebatir perfectamente aquellos que consideran que el día de difuntos es algo demasiado serio como para organizar una reunión en una discoteca.

Más prácticos y seguramente más coherentes sean los argumentos de algunos padres de familia y profesores que ven Halloween como un buen sustituto del carnaval por varias razones: a los niños les encanta disfrazarse pero hacerlo en febrero (cuando se celebran los carnavales) supone hacerlo en pleno invierno, con un frío bastante molesto en algunas ciudades españolas. Halloween es en octubre, cuando la temperatura no es invernal y hay más horas de luz (ideal para una corta fiesta de tarde en el patio).

También está el hecho de que el día siguiente es festivo: uno puede perfectamente salir hasta tarde la noche entre el 31 de octubre y el 1 de noviembre e irse de copas con los amigos. Incluso, si el calendario es propicio, puede pedir el 31 como día libre en el trabajo y disfrutar de doble festividad (sí, los famosos "puentes" españoles).

Algo muy curioso es que Halloween en estas tierras está tomando prácticas de otras épocas del año: no sabemos si por cuestiones meteorológicas o por el peculiar carácter español, dado a las mezclas. Por ejemplo hay ciudades en las que los niños no piden caramelos o dulces, sino que directamente piden el "aguinaldo" (una pequeña cantidad de dinero), cosa que es tradición navideña; y hay locales de fiestas y discotecas que ofrecen a sus clientes un "cotillón" (baile en el que se ofrece una bolsa con artículos de fiesta) de Halloween cuando esta costumbre era exclusivamente cosa de año nuevo. Incluso se cuenta que en algunas casas esa noche se puede encontrar turrón en lugar de caramelos (no olvidemos que este dulce es típico de las navidades pero se empieza a comercializar a mediados de octubre).

Por no hablar de que antes o después daréis en una fiesta de Halloween con alguien disfrazado de torero. Pero bueno: son cosas que pasan y que hacen de esta fiesta algo más cercano. ¡Que paséis buen Halloween… perdón… víspera del Día de Difuntos!

blog.enfocamp.es

Actividad 2

Paso 1

El fragmento que acabas de leer es de tipo informativo: ¿en dónde crees que podríamos leer este texto? Enumera todos los soportes que se te ocurran.

> Ej.: En el suplemento semanal de un periódico

....

....

Paso 2

Describe con tus propias palabras las frases subrayadas en el texto:

a El Halloween poco a poco se está "españolizando"

....

b Nos reímos del miedo a la parca

....

c Recuperación histórica de la fiesta

....

d Los famosos "puentes" españoles

....

Paso 3

Realiza las siguientes actividades basándote en la información del texto.

1 Vuelve a leer las tres primeras líneas del texto y explica con tus propias palabras por qué hay gente a la que no le gusta el Halloween.

....

....

2 Vuelve a leer el cuarto párrafo, desde "Más prácticos (…)" hasta "tarde en el patio" y explica con tus propias palabras cuáles son las ventajas que ofrece el Halloween respecto al carnaval.

....

....

3 Vuelve a leer el penúltimo párrafo, desde "Algo muy curioso" hasta "mediados de octubre" y explica con tus propias palabras qué costumbres de otras épocas del año se están empezando a trasladar a la celebración del Halloween.

....

....

Actividad 3

Paso 1

Contesta las siguientes preguntas:

a ¿Qué indicios hay de la existencia del Halloween en el norte de España?

....

b ¿Qué actitud se tiene ante la muerte en los países mediterráneos, según el texto?

....

c ¿Por qué hay personas en España que prefieren celebrar el Halloween al carnaval?

....

d ¿Qué costumbres propias del mes de diciembre se están empezando a celebrar en Halloween?

....

Paso 2

¿Recuerdas cómo resumir un texto? Revisa los consejos de las Actividad 2 y 3 del libro del alumno.

Escribe un texto de entre 300 y 350 palabras basándote en la información del texto acerca del motivo por el que se celebra el Halloween en España. Tu respuesta tiene que incluir la siguiente información:

• Razones culturales

• Razones prácticas

• Opinión personal

....

....

....

....

....

....

....

....

....

....

....

....

Actividad 4

Paso 1

Lee la historia y ponle un título.

El sonido de una notificación de Facebook en su teléfono móvil despertó a Mario. Eran todavía las ocho de la mañana de un sábado que, pensaba él, transcurriría de manera apacible, aburrida y sin incidentes, tal y como se supone que tiene que ser un sábado perfecto. No es que Mario no tuviera amigos ni que no fuera popular; era solo que no disfrutaba en absoluto de la compañía de los adolescentes de su edad. Sin embargo, él mismo se dio cuenta de que esto no era del todo cierto cuando abrió la aplicación en su teléfono. Había sido invitado a una estúpida fiesta de Halloween y, justo cuando iba a pulsar el botón de "no iré", vio que entre las personas que habían confirmado su asistencia estaba Alicia. Ella era diferente. Puede que no tan diferente como él, pero diferente. Mario levantó los ojos de su teléfono móvil unos segundos, volvió a mirar la pantalla y pulsó el botón de "quizá vaya".

Con la apatía que lo caracterizaba, comenzó a buscar disfraces en la página web de la tienda más cercana a su casa. Había una gran variedad, pero todos lo aburrían profundamente. Después de cinco minutos buscando, decidió comprar una careta y una capa. No era gran cosa, pero al menos tampoco gastaría mucho dinero y, si en cualquier momento de la noche se cansaba de hacer el ridículo, podía quitárselo sin mayores problemas.

Llegó la noche. Mario salió de su casa malhumorado en dirección a la fiesta. ¿Por qué la gente tenía que organizar ese tipo de cosas? ¿No podían simplemente quedar para tomar un café o echar una partida a algún videojuego? Tampoco ayudó a animarlo el hecho de que, más tarde, a más de medio kilómetro de distancia de la casa de Javier, el anfitrión de tan desafortunado evento, ya se podía escuchar la espantosa música que seguramente iba a marcar la tónica de la velada. ¿Música electrónica? ¡Por favor! Aquel sábado parecía ir de mal en peor.

Poco después Mario, en un ridículo intento por parecer uno más y mezclarse con el resto de invitados, entró en la fiesta con una sonrisa de oreja a oreja, con el firme propósito de disfrutar en la medida de lo posible de aquella fiesta de disfraces. No obstante, su rostro se oscureció cuando vio a Alicia sentada al lado de Javier. ¿Cómo era posible? ¿Alicia y Javier? Una chica casi genial con uno de los mayores imbéciles que había conocido… Eso no podía estar pasando. Mario ya no parecía tener ningún motivo para seguir en la fiesta.

Sin embargo, de repente, las luces y la música se apagaron, dejando la habitación en la más completa oscuridad y, después de un perplejo silencio, se escuchó el grito de una chica. Cuando se volvió a encender la luz, Javier ya no estaba en la fiesta, y Alicia, todavía en el mismo sofá, tenía una mueca desencajada por el horror. Mario se quitó la careta y se acercó a ella. "¿Qué ocurre?", preguntó. "Los… los ojos…", contestó Alicia con la mirada perdida en el infinito. "Sus ojos… Sus ojos resplandecieron en la oscuridad y se desvanecieron…".

Nadie entendía lo que estaba sucediendo. Todo el mundo estaba asustado. El silencio más absoluto inundaba la casa y la gente, después de unos minutos, comenzó a reaccionar. Antes incluso de empezar a buscar explicación a lo que estaba pasando, un chico se dio cuenta de que las puertas y las ventanas de la casa habían sido bloqueadas. ¡Estaban atrapados allí!

Paso 2

¿A qué subgénero literario dirías que pertenece este relato? Justifica tu elección.

a Relato de aventuras

b Relato de ciencia ficción

c Relato de terror

d Relato romántico

....

....

Paso 3

Realiza los ejercicios que se proponen a continuación:

1 Vuelve a leer el principio del texto, desde "El sonido de una notificación" hasta "los adolescentes de su edad" y describe con tus propias palabras la personalidad de Mario.

2 Vuelve a leer el tercer párrafo, desde "Llegó la noche" hasta "ir de mal en peor" y explica con tus propias palabras lo que opinaba Mario acerca de este tipo de fiestas.

3 Vuelve a leer el cuarto párrafo, desde "poco después" hasta "seguir en la fiesta" y explica con tus propias palabras cómo se sentía Mario cuando vio a Alicia y a Javier sentados juntos.

4 Escribe un resumen del texto que acabas de leer en un solo párrafo.

....

....

....

....

....

Actividad 5

Paso 1

Completa la siguiente historia con tus propias ideas. Escribe frases complejas y coherentes con el conector en negrita.

Al principio no me atraía mucho la idea de ir a una fiesta de Halloween. **No obstante** (1) ....

....

Llegamos a la fiesta disfrazados de samuráis, **a diferencia de** (2) ....

....

Posteriormente, (3) ....

....

Las cosas parecían ir de mal en peor, así que poco **después** (4) ....

....

Sin embargo, (5) ....

Paso 2

Contesta las siguientes preguntas:

1 ¿Qué dos tiempos verbales predominan en el texto de la Actividad 4? ¿Crees que esto está relacionado con el tipo de texto (ficción narrativa)? Justifica tu respuesta.

....

....

....

2 El **estilo indirecto libre** es un **recurso narratológico** que se utiliza para **expresar opiniones del personaje por boca del narrador** sin la necesidad del uso de comillas o guiones. En el segundo párrafo del texto tenemos un ejemplo claro: "No era gran cosa, pero al menos tampoco gastaría mucho dinero y, si en cualquier momento de la noche se cansaba de hacer el ridículo, podía quitárselo sin mayores problemas". Identifica otros pasajes del texto donde se utilice el estilo indirecto libre.

....

....

....

3 Identifica en los últimos dos párrafos todas las palabras que ayudan a crear una atmósfera de terror:

Nombres	Adjetivos	Verbos
Ej.: Oscuridad	Ej.: Perplejo	Ej.: Se apagaron

4 Completa ahora el cuadro añadiendo otras palabras que conozcas relacionadas con este tipo de relato.

¿Recuerdas cómo utilizar conectores en un texto? Revisa el consejo en la Actividad 5 del libro del alumno.

Actividad 6

Paso 1

Identifica en el texto todos los conectores de tiempo y de oposición o contraste que encuentres.

Tiempo: ....

....

....

Oposición o contraste: ....

....

....

Paso 2

¿Recuerdas cómo escribir un relato de ficción? Revisa los consejos de la Actividad 6 del libro del alumno.

Escribe un final de entre 350 y 400 palabras para esta historia. Tu texto tiene que cumplir los siguientes requisitos:

- Explica cómo se siente el protagonista y qué decisiones toma para resolver el misterio.
- Inventa un final donde se aclare el misterio.

....

....

....

....

....

....

....

....

....

....

....

....

....

....

....

....

....

....

Actividad 1

Paso 1

Contesta las siguientes preguntas. Después lee el texto y compara tus ideas.

1 ¿Dónde está y qué es la Patagonia?

2 ¿Sabrías decir en qué país están las ciudades y regiones que se mencionan en el primer párrafo del texto?

La Quiaca: Montevideo:

Villazón: Pelotas:

Santiago de Chile: Sao Paulo:

Buenos Aires: Santos:

3 ¿Qué dificultades crees que podrías encontrarte para viajar entre los distintos países de Sudamérica?

Narrador protagonista:
El narrador protagonista es un tipo de narrador en primera persona donde el personaje principal cuenta su propia historia y el lector conoce todos los hechos relatados a través de él. Su punto de vista es subjetivo y parcial y suele ser utilizado en géneros como el diario.

Sabía que la frontera estaba cerca. Una frontera más, pero no la veía. Lo único que interrumpía el monótono atardecer andino era el reflejo del sol en una estructura metálica. Allí terminaba La Quiaca y la Argentina. Al otro lado estaba Villazón y el territorio boliviano. En algo más de dos meses había recorrido el camino que une Santiago de Chile con Buenos Aires, Montevideo con Pelotas, Sao Paulo con Santos, puerto en el que mis posibilidades de embarcarme con rumbo a África o Europa se fueron al infierno. En el aeropuerto de Santiago los militares chilenos sellaron mi pasaporte con una **enigmática** letra "L". ¿Ladrón? ¿Lunático? ¿Libre? ¿Lúcido? Ignoro si la palabra apestado empieza con ele en algún idioma, pero lo cierto es que mi pasaporte provocaba **repugnancia** cada vez que lo enseñaba en una naviera.

– No. No queremos chilenos con pasaporte con ele.
– ¿Puede decirme qué diablos significa la ele?
– Vamos, usted lo sabe mejor que yo. Buenas tardes.

A mal tiempo buena cara. Tenía tiempo, todo el tiempo del mundo, así que decidí embarcarme en Panamá. Entre Santos y el Canal mediaban unos cuatro mil kilómetros por tierra y eso es una **bicoca** para un tipo con ganas de hacer camino.

Trepado a veces en autobuses **destartalados**, en camiones y en ferrocarriles lentos y desganados pasé a Asunción, la ciudad de la tristeza transparente, eternamente barrida por el viento de **desolación** que se arrastra desde el Chaco. De Paraguay regresé a Argentina y, atravesando el desconocido país de Humahuaca, arribé a La Quiaca con la intención de continuar viaje a La Paz. Luego…, bueno, eso ya se vería. Lo importante era **capear** los tiempos de miedo de la misma manera que los barcos en alta mar capean los temporales costeros.

Me sentía **hostigado** por aquellos tiempos de miedo.

En cada ciudad en la que me detuve visité a antiguos conocidos o hice **amagos** de nuevas amistades. Salvo contadas excepciones, todos me dejaron el ánimo amargado por un sabor uniforme: las gentes vivían en y para el miedo. Hacían de él un laberinto sin salida, acompañaban de miedo las conversaciones, las comidas. Hasta los hechos más **intrascendentes** los revestían de una prudencia **impúdica** y, por las noches, no se acostaban para soñar días mejores, o pasados, sino para precipitarse en la **ciénaga** de un miedo oscuro y espeso, un miedo de <u>horas muertas</u> que al amanecer los sacaba de la cama ojerosos y aún más atemorizados.

Cierta noche del viaje la pasé en Sao Paulo tratando de amar, incluso de manera desesperada. Fue un fracaso, y lo único rescatable fueron los pies de la compañera buscando los míos con un lenguaje **honesto** de piel y amanecida.

– Qué mal lo hicimos -creo que comenté.
– Cierto. Como si nos estuvieran observando. Como si usáramos cuerpos y tiempo prestados por el miedo -respondió.

Patagonia Express, **Luis Sepúlveda**

Paso 2

Contesta las siguientes preguntas basándote en la información recogida en el texto.

1   Vuelve a leer el final del primer párrafo, desde "En el aeropuerto de Santiago" hasta "en una naviera". ¿Cómo se sentía el narrador acerca de que le hubieran marcado su pasaporte con una "L"? ¿Qué crees que significaba esta letra? Justifica tus respuestas.

2   Vuelve a leer desde "A mal tiempo buena cara" hasta "con ganas de hacer camino". ¿Cuál es el motivo que lleva al protagonista a recorrer Sudamérica? Justifica tu respuesta.

3   ¿Por qué crees que el narrador dice "Me sentía hostigado por el miedo"? ¿A qué o a quién crees que temía la gente? Justifica tus respuestas.

Paso 3

Contesta las siguientes preguntas justificando tus respuestas:

1   ¿En general, dirías que el ambiente que se respira en los lugares que visita el narrador es positivo o negativo?

2   ¿Cuál es la actitud del narrador ante este ambiente?

¿Recuerdas cómo identificar los sentimientos del narrador o de un personaje? Revisa los consejos de las Actividades 1 y 2 del libro del alumno.

37

Actividad 2

Paso 1

Une las palabras en negrita del texto (columna de la izquierda) con sus sinónimos de la columna de la derecha.

a	Enigmático	**1**	Honrado
b	Repugnancia	**2**	Devastación
c	Bicoca	**3**	Lidiar
d	Destartalado	**4**	Conato
e	Desolación	**5**	Desvergonzado
f	Capear	**6**	Animadversión
g	Hostigado	**7**	Ganga
h	Amago	**8**	Acosado
i	Intrascendente	**9**	Misterioso
j	Impúdico	**10**	Trivial
k	Ciénaga	**11**	Ruinoso
l	Honesto	**12**	Pantano

Paso 2

Explica el significado de las expresiones subrayadas en el texto:

1 Irse al infierno

....

2 Al mal tiempo buena cara

....

3 Horas muertas

....

Actividad 3

Paso 1

Contesta las siguientes preguntas. Después lee el texto y compara tus respuestas con la información que se recoge en él.

1 ¿Sabes dónde está la Isla de Pascua y por qué es famosa?

2 Observa la imagen de la fotografía. ¿Sabes de qué se trata?

Viaje a la Isla de Pascua

Rapa Nui posee una mística que muy pocos lugares en el mundo son **capaces** de igualar. Apenas es un punto minúsculo en el Océano Pacífico a una distancia ingobernable de otros lugares habitados, pero su historia y su cultura son realmente inmensas a la vez que desconocidas. Levantaron figuras antropomorfas gigantescas conocidas como Moáis, aunque nadie sabe a ciencia cierta cómo lo lograron; desarrollaron una escritura jeroglífica aún **indescifrable** conocida como *Rongo Rongo* y llegó a tener una población considerable (cuatro veces mayor que la actual) dividida en tribus que se batían cada año en la Ceremonia del Hombre Pájaro, conocida por ser la más dura de las competiciones.

Pero además, toda la isla está llena de secretos que se fueron para siempre en los barcos de esclavistas sin escrúpulos que durante el siglo XIX despojaron a la isla de casi toda su población. La Isla de Pascua ha sido desde siempre un reto para los viajeros, para los amantes de lo enigmático y de los lugares remotos que no parecen formar parte de este mundo. Para mí fue un sueño de la infancia, incluso diría una obsesión, que acabo de hacer realidad: puedo contar que un día llegué a ver Rapa Nui con mis propios ojos. Pero aún me pregunto si no he podido despertar porque a veces todavía me parece que sigo en la isla.

He intentado no solo estar en Rapa Nui, sino vivir Rapa Nui, <u>hablar con los lugareños, aprender lo que jamás me contaron los libros o los documentales</u>. Me he sentado frente a los Moáis durante horas, he caminado por volcanes **extraordinarios**, he visto las olas del mar rompiendo contra los acantilados, he llorado atardeceres... De esa forma pude sentir el inmenso poder de la isla y perder en ella una parte de mi alma que vagará para siempre por sus costas rocosas.

Decidí estar una semana en la Isla de Pascua. No me bastaba un atardecer aislado ni ser esclavo de las prisas en cada una de las visitas que hiciera. En un viaje de larga duración uno debe ser **consciente** de que las cadenas del tiempo son **inapreciables** y que no todo está en visitar esto o lo otro sino en sentirlo, en emocionarse, en regresar...

Una vez olvidados los formalismos del viaje es momento de aterrizar en la isla y sentir muy rápidamente el aislamiento que te acompaña casi siempre. Mar a un lado, mar al otro, no importa ya si son tres o cuatro mil los kilómetros que te separan del continente. En mi caso me bastó mirar al cielo nocturno y abrumarme con el fulgor de millones de estrellas. Estar tan lejos de todo es precisamente lo que hace que Rapa Nui sea tan especial, tan admirable.

¿Cuántas veces hemos oído o dicho eso de "La primera vez nunca se olvida"? ¡Absolutamente cierto! Recuerdo que cuando agarré mi mochila al poco de despertar y tomar algo de desayuno, salí rápidamente a buscar los Moáis que tuviera más a mano. Y no necesité irme demasiado lejos, ya que a no más de cinco minutos de mi habitación en Chez Maria Goretti, nacía un camino de tierra que indicaba que al fondo se encontraba *Ahu Tahai* (*Ahu* significa "altar") el lugar donde se colocaban estas estatuas).

Caminé hacia donde me indicaba y entonces vi una pradera muy verde con piedras desperdigadas y ruinas de antiguas viviendas de la que había sido una aldea tribal antes de la llegada del hombre blanco. De fondo, casi rozando un mar embravecido, una plataforma pedregosa sostenía cinco Moáis en distintos estados de conservación. El primero por la izquierda era el más perfecto de todos, siendo el deterioro en los demás tan progresivos que el último de ellos era apenas un pedacito de lo que debió ser.

Tahai es el complejo arqueológico más interesante de las proximidades de *Hanga Roa* y, sin duda, un buen comienzo para empezar a **deshacer** los nudos de la historia en la isla. Aunque también resulta muy útil visitar el museo, donde se puede comprender mejor qué hacen todas esas figuras allí, por qué dejan el mar a sus espaldas y cuál es la razón de que la mayor parte de ellas estén tiradas en el suelo.

www.elrincondesele.com

Paso 2

Subraya en el texto todos los verbos que describan cómo se siente el narrador del texto. ¿Conoces el significado de todos ellos? Escríbelos en tu libreta.

Actividad 4

Paso 1
Contesta las siguientes preguntas:

a ¿Qué es lo que hace de la Isla de Pascua un lugar místico según el viajero?

b ¿Qué significó para el escritor visitar este lugar?

c ¿De qué manera ha decidido el protagonista vivir o experimentar este viaje? ¿Por qué?

d ¿Qué sensación siente el viajero cuando llega por primera vez a la isla? Justifica tu respuesta.

e ¿Qué es lo primero que quiere visitar el escritor una vez ha llegado a la Isla de Pascua?

....

....

f ¿Qué es un Moái?

....

....

Paso 2

Resume el texto de la Isla de Pascua en un párrafo.

....

....

....

....

Actividad 5

Los antónimos:
Los antónimos
son palabras
cuyo significado
es opuesto o
contrario. Para
que dos palabras
sean consideradas
antónimas ambas
deben pertenecer a
la misma categoría
gramatical, es
decir, el antónimo
de un verbo ha de
ser un verbo; el de
un nombre, otro
nombre y el de
un adjetivo, otro
adjetivo.

Paso 1

Busca un antónimo para cada una de las palabras en negrita del texto.

a Capaces   *Incapaces*

b Indescifrable

c Extraordinarios

d Consciente

e Inapreciables

f Deshacer

¿Qué tienen en común todas ellas?

....

....

Paso 2

Teniendo en cuenta las palabras del ejercicio anterior, intenta pensar en otros tres pares de antónimos que se formen de la misma manera e indica su significado.

a .... y ....:...

....

b .... y ....:...

....

c .... y ....:...

....

Paso 3

Identifica en el texto todos los verbos que estén conjugados en modo subjuntivo.

a ....   c ....

b ....   b ....

¿Para qué se usa, como norma general, el modo subjuntivo en español?

....

Actividad 6

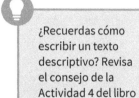

¿Recuerdas cómo escribir un texto descriptivo? Revisa el consejo de la Actividad 4 del libro del alumno.

Paso 1

En el texto de la Actividad 1 el protagonista manifiesta su intención de embarcarse rumbo a África o Europa. Escribe un texto descriptivo de dicho viaje utilizando el mismo tipo de narrador que ha utilizado palabras Luis Sepúlveda (450–500 palabras). Asegúrate de cubrir los siguientes puntos:

- Lugar de salida y lugar de destino (puedes elegir entre África y Europa)
- Descripción del barco y su tripulación
- Duración de la travesía
- Sentimientos del protagonista antes, durante y después del viaje

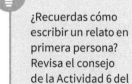

¿Recuerdas cómo escribir un relato en primera persona? Revisa el consejo de la Actividad 6 del libro del alumno.

....
....
....
....
....
....
....
....
....
....
....
....
....
....
....
....
....
....
....
....

Paso 2

Vuelve a leer los pasajes subrayados en el texto de la Isla de Pascua:

> "He intentado (…) hablar con los lugareños, aprender lo que jamás me contaron los libros o los documentales."
>
> "¿Qué hacen todas esas figuras allí, por qué dejan el mar a sus espaldas y cuál es la razón de que la mayor parte de ellas estén tiradas en el suelo?"

¿Recuerdas cuáles son las características de las leyendas? Revisa el consejo de la Actividad 3 del libro del alumno.

Imagina y escribe 450–500 palabras sobre la leyenda que explica las incógnitas del ejercicio anterior.

- Antes de empezar a escribir piensa bien cuáles serán los personajes de tu historia, así como sus objetivos y motivaciones.

- Piensa en los obstáculos que se encontrarán en la persecución de sus objetivos.

....
....
....
....
....
....
....
....
....
....
....
....
....
....
....
....
....
....
....

Capítulo 7

El mundo que habitamos

Actividad 1

Contesta las siguientes preguntas. Después lee el siguiente texto y compara tus respuestas.

1 ¿Qué sabes acerca de los coches con motor eléctrico? ¿Conoces a alguien que lo tenga o has visto alguna vez alguno?

2 ¿Cuáles crees que son las ventajas e inconvenientes que ofrece el motor eléctrico en comparación con el tradicional motor de gasolina o gasóleo?

La Fórmula E

La Fórmula E es una competición organizada por la FIA (Federación Internacional del Automóvil) en la que corren vehículos impulsados exclusivamente por energía eléctrica. La idea ha sido patrocinada por el empresario español Alejandro Agag. Su empresa, Fórmula E Holdings, es la que posee la titularidad de los derechos de una competición en la que los coches eléctricos pueden llegar a alcanzar los 225 km/h.

Innovación y sostenibilidad son las claves de este mundial de once etapas disputadas, desde octubre a julio, en América, Asia y Europa. Hasta el más mínimo detalle de la Fórmula E está pensado en clave ecológica. Por ejemplo, solo se disputa una carrera al mes, de manera que se limitan los desplazamientos y se permite que todo el material llegue a cada etapa con suficiente tiempo, utilizando únicamente barcos y trenes para su traslado. Por otro lado, las carreras son siempre en circuitos urbanos y el éxito es tal que ya son muchas las ciudades del mundo interesadas en la organización de un e-Prix.

Durante la primera temporada, los fabricantes Dallara, Williams, McLaren y Spark-Renault hicieron todos los monoplazas iguales como medida de ahorro y también para favorecer el espectáculo. Pero a partir de este año se permitirá introducir cambios en el motor, caja de cambios y sistema de enfriamiento con el objetivo de impulsar el desarrollo tecnológico.

Uno de los mayores retos a los que se enfrenta este nuevo espectáculo es la duración de las baterías de litio, ya que, a mitad de carrera, los pilotos tienen que parar en boxes para cambiar de monoplaza. Otro de los aspectos más criticados de la Fórmula E es la falta de rugido de motores. A este respecto, uno de los máximos responsables de esta iniciativa comenta que "nos pusimos en contacto con un sonidista para abordar este problema que nos dijo que no resultaría difícil incorporar un sencillo sistema en la carrocería para producir ruido, aunque al final nos decantamos por dejar las cosas como estaban, de la manera más natural posible".

El éxito emergente de la Fórmula E viene apadrinado por gente como Johnny García, propietario de la escudería ecológica Venturi y ayudante en la Comisión de Sostenibilidad de la Fórmula E. "Cuando me hablaron del proyecto me pareció una iniciativa excelente, y por eso decidí apoyar el campeonato desde el primer momento. Las cosas se están moviendo rápido, y todo apunta a que esta modalidad ganará cada vez más adeptos. No tengo la más mínima duda acerca de la capacidad de la Fórmula E para mejorar la opinión que la gente tiene de los vehículos con motor eléctrico", explica Johnny.

En esta competición, hermana ecológica de la Fórmula 1, se pretende alcanzar un doble objetivo: acercar la tecnología a la gente y crear una plataforma para que la industria pueda innovar y desarrollar nuevos sistemas de propulsión sostenibles. Solo el tiempo y la tecnología podrán determinar el éxito de este nuevo circuito verde. Por el momento ya ha alcanzado, en su primera temporada, la nada desdeñable cifra de 10 millones de espectadores.

www.lavanguardia.com

Actividad 2

Paso 1

¿Sabrías decir qué tipo de texto acabas de leer? Justifica tu respuesta.

Informativo	Narrativo	Descriptivo	Argumentativo

Paso 2

1 Localiza en el texto todas las palabras o grupos de palabras pertenecientes al campo semántico de la ecología y explica su significado.

    a *Ej.: Coche eléctrico: Vehículo cuyo motor funciona exclusivamente con energía eléctrica.*

    b ....

    c ....

    d ....

    e ....

Actividad 3

Paso 1

Contesta las siguientes preguntas:

a ¿Qué es la Fórmula E?

....

b ¿Qué elementos hacen que esta competición se considere respetuosa con el medio ambiente? Menciona al menos tres.

....

c ¿Qué dos inconvenientes presenta la Fórmula E respecto a la tradicional Fórmula 1?

....

d Según Johnny García, ¿cuál es la mayor ventaja de la Fórmula E?

....

e ¿Qué otros objetivos tiene la Fórmula E, además de los meramente deportivos y del mencionado por el señor García?

....

45

Paso 2

Escribe un resumen del texto de 150 palabras e incluye en él tu opinión personal acerca de esta nueva competición automovilística y su supuesto ecologismo.

....

....

....

....

....

....

....

¿Recuerdas cómo resumir un texto? Revisa los consejos de la Actividad 2 del libro del alumno.

Actividad 4

Paso 1

Contesta la siguiente pregunta. Después lee el siguiente texto y compara tus respuestas.

1 ¿Crees que todo el mundo tendrá un coche eléctrico en un futuro próximo? Justifica tu respuesta.

Elon Musk y el coche eléctrico

"La movilidad eléctrica será una realidad antes de lo que piensa mucha gente y conviviremos con la conducción autónoma de forma natural en el futuro".

En una entrevista realizada hace poco por la BBC Elon Musk hace un repaso por las últimas novedades de Tesla entre las que destaca sobre todo que están siendo capaces de duplicar su producción cada año.

Siempre es emocionante escuchar a Elon Musk y vivir por unos instantes en un futuro que él describe con pasión pero también con los pies en el suelo y con una gran dosis de coherencia. Unas previsiones que no tiene duda de que se cumplirán más pronto que tarde y que, para quienes estamos convencidos de que este es el buen camino, nos hace creer que no se puede equivocar.

En la entrevista concedida a la BBC el CEO de Tesla explicó, como es habitual, el plan maestro de la compañía que tiene como objetivo final cambiar la industria de la automoción y del que ya hemos hablado aquí muchas veces: la construcción de un coche deportivo, el Roadster, al que sigue una berlina Premium, el Model S y Model X, impulsar el negocio de las baterías y las energías renovables con la gigafactoría de Nevada, las baterías domésticas y finalmente poner en el mercado un coche asequible para la mayoría de la gente, el Model 3.

Sobre los rumores de que Apple esté detrás de la fabricación de un coche eléctrico Elon Musk afirmó que es un "secreto a voces" con el que se está especulando continuamente sin que en realidad se sepa nada cierto sobre la naturaleza del futuro eléctrico.

Sobre la evolución del mercado de vehículos eléctricos Musk habló de la curva en "S" que describen las tecnologías como la movilidad eléctrica, que actúan de forma disruptiva. Está convencido de que las ventas crecerán mucho más rápido de lo que la mayoría de la gente predice. "Estamos en el ramal bajo de la 'S', pero en algún momento, no muy lejano, ascenderemos por la parte central de la curva de una forma vertiginosa", un hecho que, y esto lo añadimos nosotros, se producirá junto con la evolución tecnológica de las baterías, que cada día parece estar más cerca.

Quizás la parte más significativa de la entrevista de la BBC es cuando Musk afirmó que "Todos los años, estamos duplicando nuestra producción total acumulada". En 2014 Tesla vendió 50.000 capítulos del Tesla Model S en todo el mundo y a finales de este año [2015] la cifra se ha vuelto a repetir, esta vez incluyendo algunas unidades del Model X, "por lo que la flota de vehículos Tesla se duplicó el año pasado".

Elon Musk considera a Tesla como una de las piezas claves en el inicio, aceleración y mejora de los programas de automóviles eléctricos de otros fabricantes a los que también aprovechó para criticar. El Tesla Model S ha sido el coche más vendido en su segmento en Estados Unidos por encima de modelos como el Mercedes clase S, el BMW serie 7 y serie 6 o el Audi A7, lo que puede interpretarse como un cambio en la mentalidad de lo que significa poseer un vehículo de alta categoría y eléctrico, cuando precio y prestaciones son perfectamente comparables.

Sobre el coche autónomo, Musk explicó la diferencia entre un coche capaz de manejar situaciones previsibles de forma automática y los coches dotados de inteligencia artificial que aprenderán para ser cada vez más evolucionados. Predice que en el futuro nadie comprará un coche que no lo sea. Compara este hecho como si ahora alguien adquiriera un ascensor con accionamiento manual o desplazarse a caballo en vez de en coche.

http://movilidadelectrica.com

Paso 2

Indica si las siguientes afirmaciones son verdaderas o falsas. En caso de ser falsas explica por qué.

a Pronto podremos ver coches sin conductor en las carreteras.

b El hecho más remarcable para Elon Musk es la cantidad de coches que fabrican.

c El director ejecutivo de Tesla cree que todavía falta mucho tiempo para que se pueda apreciar un progreso notable.

d Lo que menos le interesa a la compañía es producir un modelo que pueda llegar a todos los hogares.

e Tesla está generando unos ingresos nada desdeñables y Musk afirma que continuarán creciendo durante muchos años.

f Según el entrevistado, Tesla impulsa los proyectos de otras compañías.

g Musk afirma que en el futuro todo el mundo tendrá un coche autónomo.

¿Recuerdas cómo analizar dos textos con opiniones diferentes? Revisa el consejo de la Actividad 2 del libro del alumno.

Paso 3

Compara el texto con el de la Actividad 1 y realiza los ejercicios que se proponen a continuación:

1 Explica los puntos de vista que comparten ambos textos y justifica tu respuesta.

2 ¿Dirías que el texto sobre el coche eléctrico "doméstico" ofrece una visión más positiva que el de la Fórmula E acerca de este tipo de motores? Justifica tu respuesta.

3 Muchas firmas automovilísticas se han unido a la Fórmula E desde que la competición se puso en marcha. ¿Por qué crees que Tesla no se ha unido?

4 ¿De qué manera crees que la Fórmula E contribuye a la promoción del coche eléctrico?

Paso 4

Realiza un resumen de ambos textos explicando la relación que guardan los utilitarios eléctricos con la Fórmula E y la importancia de Tesla en el desarrollo de los mismos. Escribe entre 200 y 300 palabras.

¿Recuerdas cómo resumir dos textos acerca de temas similares? Revisa el consejo de la Actividad 2 del libro del alumno.

Actividad 5

El texto "Elon Musk y el coche eléctrico" es la crónica periodística de una entrevista que el director ejecutivo de Tesla concedió a la cadena británica BBC. Escribe dicha entrevista basándote en la información recogida en el texto. Sigue para ello los pasos propuestos a continuación:

Paso 1

Identifica en el texto todas las citas textuales de Elon Musk y anótalas en tu cuaderno para incluirlas como respuestas a tus preguntas.

Paso 2

Piensa las preguntas que debes realizar para que el entrevistado conteste con las citas que has recopilado en el Paso 1.

Paso 3

Escribe una entrevista ficticia de entre 500 y 600 palabras al director ejecutivo de Tesla Elon Musk. Tu texto tiene que cumplir los siguientes requisitos:

- Incluir las citas textuales que has recopilado en el Paso 1
- El registro ha de ser formal
- Incluir alguna pregunta acerca de la Fórmula E

....
....
....
....
....
....
....
....
....
....
....
....
....
....
....
....
....
....
....
....
....
....
....
....
....
....
....
....

Actividad 1

Paso 1

Contesta la siguiente pregunta. Después lee el texto y compáralo con tus ideas.

¿Cómo crees que era el consumo de azúcar hace cincuenta años? ¿Crees que ha aumentado? Justifica tu respuesta.

Dulce asesino

En pleno siglo XXI, podría pensarse que las sociedades occidentales son buenas conocedoras de los peligros que las sustancias adictivas suponen para el organismo. La mayoría de las drogas han sido prohibidas y, las que continúan siendo legales, como el tabaco y el alcohol, se enfrentan a una campaña de acoso y derribo con el fin de reducir **paulatinamente** su consumo. Baste mencionar a este respecto la prohibición de incluir anuncios de cigarrillos o bebidas alcohólicas en televisión o la ley antitabaco que **penaliza** fumar en lugares públicos cerrados, incluso en bares y restaurantes.

Sin embargo, parece que un peligroso enemigo ha conseguido burlar nuestro perímetro y se ha colado en nuestras alacenas y frigoríficos. Está por todas partes, acechándonos incansable en las latas de refrescos, en los zumos, en las galletas… Incluso en la salsa de tomate, el maíz o el pan. Y no se trata solamente de una pequeña **escaramuza**: hablamos de una invasión en toda regla. Su consumo se ha multiplicado en los últimos años con la **connivencia** de las autoridades, que no han sabido o no han querido atajar un problema que se agrava con el paso del tiempo.

Este dulce asesino es, por supuesto, el azúcar. Podría parecer exagerado comparar esta sustancia, tan común en nuestra dieta desde que nacemos, con algunas de las peores drogas, pero no son pocos los estudios llevados a cabo por universidades de todo el mundo que demuestran los efectos **nocivos** (si no **fatales**) de este **aditivo**.

El azúcar ha sido señalado, sin ir más lejos, como la causa principal de una de las **pandemias** más generalizadas de nuestros días: la obesidad. La adición de esta sustancia a los alimentos proporciona un exceso de calorías que produce el aumento de grasa en el cuerpo. Y no solo eso, sino que la **ingesta** de azúcar "apaga" el sistema de control del apetito por lo que necesitaremos más alimentos de lo normal para conseguir saciarnos.

Pero la obesidad es solo el primero de una lista interminable de efectos adversos que incluye el aumento del riesgo de padecer alzhéimer, cáncer o diabetes. Resulta especialmente preocupante su impacto en nuestro sistema **inmunológico**. Diversos estudios señalan que el consumo de **azúcar refinado** debilita nuestras defensas en un 40%, debido a que disminuye de manera notable la absorción de vitamina C en la sangre. La vitamina C es de vital importancia para que los glóbulos blancos combatan virus y bacterias, por lo que su disminución dispara las posibilidades de contraer una infección.

Por si fuera poco, el azúcar provoca adicción. De hecho, la industria de la alimentación lo utiliza para conseguir que la gente se "enganche" a sus productos y aumentar así sus ganancias. Además, el hecho de que distorsione nuestra percepción de la saciedad, hace que continuemos comiendo y comiendo sus galletas, cereales o pasteles sin importar

¿Recuerdas cómo identificar la opinión del autor de un texto? Revisa los consejos de las Actividades 1 y 3 del libro del alumno.

lo llenos que estemos. La receta es sencilla: cuanto más azúcar comemos, más azúcar queremos.

Teniendo en cuenta todo esto, ¿resulta de veras exagerado **equiparar** el azúcar con las drogas? El diccionario de la RAE define "droga" como "sustancia o preparado medicamentoso de efecto estimulante, deprimente, narcótico o alucinógeno". Nadie duda <u>a estas alturas</u> del efecto estimulante del azúcar. Tampoco de sus efectos adversos o nocivos para la salud humana. Sin embargo, sigue formando parte de nuestro día a día **impunemente**, <u>campando a sus anchas</u> por nuestros hogares, acechando a nuestros hijos e hijas con su dulce y adictivo sabor, mientras gobiernos y corporaciones permiten e incluso animan su consumo y la <u>mayoría de nosotros miramos hacia otro lado como si no pasara nada</u>.

Paso 2

Contesta las siguientes preguntas basándote en la información recogida en el texto:

1   Vuelve a leer el primer párrafo, desde "En pleno siglo XXI" hasta "en bares y restaurantes". ¿Muestra el autor del texto su opinión acerca de la lucha contra el consumo de tabaco y alcohol? Justifica tu respuesta.

2   Vuelve a leer el segundo párrafo, desde "Sin embargo" hasta "el paso del tiempo". ¿Por qué utiliza el autor del texto palabras y expresiones bélicas o relativas al léxico de la guerra? Justifica tu respuesta.

3   Vuelve a leer el penúltimo párrafo, desde "Por si fuera poco" hasta "más azúcar queremos". ¿Qué le parece al autor del texto el hecho de que la industria alimentaria intente promover la adicción al azúcar en los consumidores? Justifica tu respuesta.

4   ¿A qué conclusiones llega el autor del texto en el último párrafo?

Actividad 2

Paso 1

Las colocaciones son grupos de palabras que suelen utilizarse de manera conjunta. En casos extremos, es casi imposible encontrar uno de los términos de la colocación separado del resto, como el adjetivo "craso" en "craso error".

Une las expresiones subrayadas en el texto con su equivalente de la columna de la derecha:

a	Campaña de acoso y derribo	1	Llegados a este punto
b	Burlar el perímetro	2	Hacer la vista gorda
c	En toda regla	3	Como Pedro por su casa
d	Por si fuera poco	4	Penetrar las defensas
e	A estas alturas	5	Aún por encima
f	Campando a sus anchas	6	Como si no tuviera importancia
h	Miramos hacia otro lado	7	Con todas las de la ley
i	Como si no pasara nada	8	Intento de desprestigio

Paso 2

1   **Teniendo en cuenta el consejo que acabas de leer, localiza en el texto cinco colocaciones y explica su significado. ¿Conoces alguna más?**

Actividad 3

Paso 1

En el texto de la Actividad 1 has podido informarte sobre los peligros del azúcar pero, ¿sabes cuáles son sus beneficios o su valor nutricional? Contesta esta pregunta y lee el texto a continuación para contrastar tus ideas.

Azúcar, el combustible del cerebro

En los últimos años, el azúcar ha pasado a formar parte de ese eje del mal en el que se listan alimentos cuyo único perjuicio radica en su abuso. Sin embargo, en sus diferentes formas es vital para nuestra salud y nuestra mente.

Algodón dulce, manzanas caramelizadas y tantas golosinas que nos hacían felices en nuestra infancia tienen como base el azúcar, esa sustancia blanca y granulada tan demonizada hoy en día, acusada de causar obesidad, diabetes y caries. Pero como todo en nutrición, depende de su uso o abuso el que sea perjudicial o no para la salud, todo tiene su justa medida, si bien no conviene que los niños se encaprichen de ella, ya que a ellos sí les cuesta racionalizar su consumo.

Para empezar a conocerla en profundidad, nada mejor que presentarla formalmente. El azúcar es un alimento que se extrae de la remolacha o de la caña de azúcar y que se conoce como sacarosa, compuesta de 2 moléculas de carbohidratos: una molécula de glucosa y otra de fructosa. Existen otros azúcares simples, de fácil absorción por el organismo, como la lactosa o azúcar de la leche y la fructosa, procedente de las frutas. Las tres son carbohidratos naturales cuya principal función es la de aportar energía al organismo.

De hecho, la EFSA, Autoridad Europea en materia de Seguridad Alimentaria y Nutrición, recomienda que entre el 40 y el 60 por ciento de la ingesta energética diaria provenga de los carbohidratos, incluyendo azúcares y almidones. En relación con el aporte de energía, los carbohidratos, presentes también en alimentos como la pasta, el arroz, las legumbres, el pan y los vegetales, son la fuente preferida de los músculos.

Las personas que son muy activas necesitan especialmente estos alimentos. El motivo, tal y como explica el Instituto de Estudios del Azúcar y la Remolacha, es que estos se almacenan en los músculos en forma de glucógeno y, a mayor cantidad de glucógeno, mayor resistencia física. "Por eso es tan importante el consumo de carbohidratos a la hora de realizar ejercicio".

Un cerebro "goloso"

"Pero la musculatura también puede valerse de la oxidación de los ácidos grasos, algo que sin embargo no puede hacer el cerebro, ya que este órgano se nutre casi exclusivamente de glucosa para funcionar", afirma la doctora Pilar Riobó Serván, jefe asociado de Endocrinología y Nutrición de la Fundación Jiménez Díaz y autora de la página web www.doctorariobo.com.

De hecho, las funciones cerebrales requieren de un continuo suministro de oxígeno y glucosa y cuando la concentración de esta en sangre disminuye por debajo de cierto límite las funciones cerebrales se alteran y podría llegar a producirse pérdida de consciencia y coma.

Para evitar esto, el organismo tiene sus mecanismos. Y normalmente, si no se comen carbohidratos, el hígado los sintetiza a partir de proteínas por un proceso al que se denomina gluconeogénesis.

Menos rendimiento

"La falta de azúcares en el organismo puede producir un menor rendimiento cognitivo. Por ejemplo, esto se ve en niños que van al colegio sin desayunar y en personas que hacen dietas hiperproteicas bajas en carbohidratos que pueden tener peor rendimiento en los tests de funcionamiento mental (atención, memoria…)", explica la citada experta.

Cuando se siguen este tipo de dietas, el hígado se ve forzado a metabolizar proteínas para conseguir azúcar y si estos regímenes se alargan en el tiempo se puede dar una sobrecarga hepática y renal y pérdida de masa muscular, ya que el cuerpo intenta producir energía también a partir de los aminoácidos. "Al faltar azúcares el hígado se ve forzado a trabajar más mediante ese proceso de gluconeogénesis que transforma aminoácidos en azúcares para poder mantener el nivel normal necesario para vivir", matiza Riobó.

En resumen, una persona sana puede consumir el azúcar en cantidades moderadas, lo único que debe tener en cuenta es "no ingerir más calorías de las que gasta (ya sea a través de azúcares, lípidos, proteínas…) porque estas se empiezan a acumular en forma de grasas y es cuando empieza el sobrepeso y la obesidad", afirma la doctora, quien apunta también al origen multifactorial de la obesidad, una enfermedad que por ese motivo no es tan fácil de tratar ni de solucionar.

En definitiva, no hay motivo para amargarse la existencia siempre y cuando seamos capaces de moderarnos. Al final la virtud consiste en saber dar con el término medio entre dos extremos.

www.elcorreo.com

53

Paso 2

Contesta las siguientes preguntas:

1. Vuelve a leer el primer párrafo, desde "En los últimos años" hasta "nuestra mente". ¿Qué opina el autor del texto acerca de la demonización del azúcar? Justifica tu respuesta.

2. Vuelve a leer el segundo párrafo, desde "Algodón dulce" hasta "su consumo" y explica cómo defiende el autor del texto el consumo moderado de azúcar.

3. Vuelve a leer los párrafos tres y cuatro, desde "Para empezar" hasta "los músculos". ¿Qué relación existe entre los azúcares y los hidratos de carbono? ¿Te parece objetiva la comparación que realiza el autor entre ambos para respaldar su argumento? Justifica tu respuesta.

4. En el quinto párrafo, se hace referencia a las declaraciones hechas por el Instituto de Estudios del Azúcar y la Remolacha para respaldar el argumento del autor del texto. ¿Crees que dicho instituto proporciona un punto de vista neutro? Justifica tu respuesta.

5. Vuelve a leer el apartado titulado "Un cerebro goloso" y explica qué efecto produce, según el texto, la carencia de glucosa en el organismo.

6. Explica con tus propias palabras las conclusiones a las que llega el autor de este texto.

Actividad 4

Localiza en el texto todas las palabras relacionadas con el campo semántico de la nutrición. Cita al menos diez y explica su significado.

....

....

....

....

....

....

....

....

....

....

Actividad 5

Paso 1

Escribe un texto informativo de 600 palabras en el que expliques las ventajas y los inconvenientes del consumo de azúcar. Asegúrate de cumplir los criterios descritos a continuación:

- Tu texto ha de ser imparcial y objetivo

- Debes basarte en los textos ofrecidos en este capítulo, aunque puedes completar la información con otras fuentes

- Si vas a utilizar citas textuales (frases sin modificar extraídas de los textos) debes marcarlo debidamente mediante el uso de comillas: " ".

....

....

....

....

....

....

....

....

....

Paso 2

Escribe un texto narrativo de 600 palabras en clave de humor acerca de un vampiro adicto al azúcar que pierde sus colmillos y ya no puede seguir alimentándose de sangre.

- Antes de empezar a escribir piensa bien cuáles serán los personajes de tu historia y sus objetivos y motivaciones

- Piensa en los obstáculos que se encontrarán en la persecución de sus objetivos

Actividad 1

Paso 1

Contesta las siguientes preguntas. Después lee el texto y compara tus respuestas.

1 ¿Cómo crees que es un vertedero de residuos electrónicos?

2 ¿Qué puedes encontrarte en un vertedero de estas características? ¿Crees que puede ser peligroso para la salud?

El valle

Miró de nuevo desde lo alto de la colina solo para sentir como una lágrima resbalaba por su mejilla arrugada ya por el paso de los años. Una enorme montaña de basura se extendía ante sus ojos y se perdía en el horizonte. Restos de ordenadores viejos, de teléfonos móviles, de cables, de lavadoras, de televisores, de neveras y de todo tipo de electrodomésticos ocupaban todo el valle desde donde se encontraba Laura hasta donde alcanzaba la vista. ¿En qué momento su país se había convertido en el vertedero de occidente?

La anciana secó la cara con su dedo índice y bajó de la loma para buscar entre todo aquel amasijo la que un día había sido su casa. Caminó como pudo, sorteando las toneladas de residuos que se amontonaban a su paso. El río que proporcionaba agua limpia a todo el pueblo cuando era una niña, fluía ahora oscuro como la noche. No había peces. No había nada. Ni siquiera la hierba ni los árboles crecían ya en las márgenes. Tan solo un enorme bosque de plástico y cristales rotos del que brotaban arroyos de mercurio y ponzoña.

Varios niños, posiblemente huérfanos, buscaban entre la inmundicia cualquier cosa que pudiera tener algo de valor: un cable casi entero, un imán, el tambor de una lavadora, el cargador de un teléfono móvil… Aquel enorme vertedero se había convertido en el hogar y en la principal fuente de ingresos de un ejército de pequeños desnutridos de aspecto enfermizo, probablemente a causa de haber estado en contacto con el agua putrefacta y los metales pesados del valle.

"Aquí estaba el viejo molino", pensó la anciana mientras observaba un edificio en ruinas junto al río. Laura podía imaginar en su cabeza las escenas cotidianas que hacía muchos años transcurrían en aquel mismo lugar: un grupo de personas lavando la ropa en el agua, una pareja recogiendo harina en el molino, niños riendo y corriendo por los caminos… Si bien es cierto que nunca habían vivido en la abundancia, era todo muy diferente del infierno donde ahora se encontraba.

Tanto había cambiado el paisaje y tan concentrada iba Laura en sus pensamientos, que casi no se daba cuenta de que estaba caminando al lado de la que antaño había sido su casa. Era prácticamente irreconocible, y por eso la anciana llegó incluso a dudar de si en realidad era aquella, hasta que vio por encima de una de las paredes demolidas del edificio el retrato todavía intacto de sus padres colgado sin marco alguno en la pared. De nuevo los ojos se le humedecieron y sintió como un escalofrío penetraba hasta su alma.

> Aquel era precisamente el motivo que la había empujado a volver. Sus padres habían sido los últimos habitantes del valle hasta que un día, hacía ya demasiados años, su hermana encontró sus cuerpos sin vida sobre la cama. Todo parecía indicar que se trataba de una muerte natural, ya que los dos eran muy mayores y estaban muy enfermos, pero a Laura siempre le había parecido todo demasiado raro. En todo caso, no había transcurrido ni una semana cuando empezaron a llegar caravanas interminables de camiones cargados de basura electrónica que, en menos de doce meses, ya habían destruido el valle.

Paso 2

Contesta las siguientes preguntas basándote en la información recogida en el texto. Justifica tus respuestas.

a ¿Por qué llora la protagonista del fragmento?

....

b ¿Por qué ya no quedan peces en el río?

....

c ¿Cómo sobreviven los niños en el vertedero, y a qué peligros están expuestos?

....

d ¿Cómo se vivía en el valle antes de que lo convirtieran en un vertedero?

....

e ¿Qué siente la protagonista al ver su antigua casa en ruinas?

....

f ¿Por qué duda Laura acerca de las circunstancias de la muerte de sus padres?

....

Actividad 2

Paso 1

Busca en el texto los sinónimos de las siguientes palabras:

Cerro (2): ....   Basurero: ....

Revoltijo: ....   Esquivando: ....

Orillas: ....   Veneno: ....

Hambrientos: ....   Diarias: ....

Averno: ....   Destruidas: ....

> ¿Recuerdas cuáles son los principales recursos de estilo? Revisa el consejo de la Actividad 1 del libro del alumno.

Paso 2

Localiza en el texto todos los recursos de estilo utilizados por el autor y explica su función y significado.

....

....

....

....

....

....

Paso 3

Escribe un ejemplo con cada uno de los siguientes recursos de estilo utilizando para ello las palabras del Paso 1.

1 Metáfora:

....

....

2 Comparación:

....

....

3 Hipérbole:

....

....

4 Personificación:

....

....

5 Pregunta retórica:

....

....

Actividad 3

Paso 1

Contesta las siguientes preguntas. Después lee el texto sobre el ecologismo y el consumismo y compara tus respuestas.

1 ¿Qué significa para ti la palabra "ecología"?

2 ¿Crees que existe alguna relación entre ecología y consumismo? ¿Por qué?

3 ¿Cómo crees que el consumo responsable puede ayudar a proteger el medio ambiente?

Ecologismo vs consumismo

La ecología es poco amiga del consumismo, qué duda cabe. Sin embargo, además de la típica fiebre consumista, un auténtico drama para el planeta, hay prácticas de consumo verde y estilos de vida pretendidamente eco-amigables que también van en contra de la sostenibilidad.

Aunque en la práctica la industria de lo ecológico se encuentra inmersa en el sistema social y cultural que promociona lo ecológico, en este post, como es lógico, vamos a separar los conceptos de "ecología" y "consumismo" para además compararlos desde un enfoque antagónico.

El consumismo puro y duro, ese hábito tan arraigado que incluso forma parte de nuestra identidad cultural, de nuestros hábitos más cotidianos, deseos y sueños, es una auténtica pesadilla para el entorno. La factura, tarde o temprano, acabamos pagándola todos, y unos bastante más que otros.

Si la población no cesa de aumentar, y lo mismo ocurre con el estilo de vida consumista, –la llamada sociedad del bienestar para la gran parte de la ciudadanía, al margen de un mayor o menor estado asistencial– al que aspiran los países emergentes y en desarrollo, los recursos, que son limitados, tienen los días contados.

El enfoque de una vida confortable que corresponde a un estilo de vida consumista, el imperante en las sociedades capitalistas, equipara el consumo a la satisfacción de las necesidades y de algo más: la satisfacción de los constantes caprichos de los consumidores.

La maquinaria industrial ofrece productos y servicios que crean necesidades artificiales y, a través del marketing, se consiguen generar nuevos hábitos de consumo que nos llevan a un soberano despilfarro a todos los niveles, económico y recursos, inédito en la historia de la humanidad y con un aumento exponencial.

Ello genera, a su vez, un impacto ambiental inasumible para el entorno, y sus manifestaciones son de lo más variopintas, desde la deforestación y lo que ello implica para flora y fauna hasta, por ejemplo, la polución atmosférica, del suelo o acuática y las consecuencias relacionadas con esta, entre ellas el deterioro de los ecosistemas, problemas de seguridad alimentaria o el mismo avance del cambio climático.

Nuestra manera de vivir, ese vivir deprisa inmersos en unos hábitos de consumo que no conocen el freno también salpica a los productos y servicios de los llamados ecológicos.

Ser un consumidor eco-responsable, por lo tanto, no significa sustituir unos productos convencionales por otros verdes, dentro de un mismo esquema de consumo. Por contra, las costumbres verdes realmente genuinas piden seguir la regla de oro de la ecología, esa triple erre del reducir, reutilizar y reciclar.

Haremos un flaco favor al medio ambiente, pongamos por caso, si adquirimos una bicicleta con el cuadro de bambú en lugar de seguir utilizando la nuestra, en perfectas condiciones de uso (…).

Aunque cueste creerlo, vivir de forma confortable no es sinónimo de consumismo. Muy al contrario, tener cada vez más puede crear una ansiedad difusa que nos acompaña noche y día.

La vida sencilla nos permite centrarnos en lo que más nos importa, llevar una vida en armonía con la naturaleza y ser más fieles a nosotros mismos. "Ser" frente a "tener", una vida más verde vs un consumismo desaforado.

La economía colaborativa, los grupos de consumo, la producción local de alimentos bio o las ecoaldeas, por otro lado, son marcos perfectos para un downshifter. Lanzarse a ello, eso sí, es más complicado de lo que parece. Nadar contra corriente nunca fue sencillo, pero también es cierto que ahora, más que nunca, están en marcha movimientos sociales que, pese a ser incipientes, son una gran oportunidad para quienes desean unirse a ellos.

O, en todo caso, sin necesidad de apostar por cambios extremos, solo estando concienciados al respecto, igualmente es posible poner nuestro granito de arena para lograr grandes cambios. Porque la ecología es cosa de todos.

www.ecologiaverde.com

Paso 2

Indica si las siguientes afirmaciones son verdaderas o falsas. En caso de ser falsas explica por qué.

a En opinión de la autora, la nueva moda del consumo verde está ayudando al medio ambiente.

....

b En este artículo se comparan ecología y consumismo como elementos opuestos.

....

c Todos tendremos que enfrentarnos por igual a los efectos que nuestro estilo de vida tiene sobre el planeta.

....

d La población seguirá aumentando irremediablemente y los recursos se terminarán.

....

e No solo consumimos para satisfacer nuestras necesidades, sino que muchas veces compramos cosas superfluas y prescindibles.

....

f Según el artículo, la gente que compra productos ecológicos es más responsable con el medio ambiente.

....

g Es imprescindible que todos colaboremos para conseguir revertir la situación.

....

Actividad 4

Paso 1

Explica con tus propias palabras el significado de las siguientes expresiones del texto:

1 Un enfoque antagónico:

....

2 Consumismo puro y duro:

....

3 Tienen los días contados:

....

4 Inédito en la historia de la humanidad:

....

5 Un impacto ambiental inasumible para el entorno:

....

6 Sus manifestaciones son de lo más variopintas:

....

7 Haremos un flaco favor al medio ambiente:

....

8 Lanzarse a ello:

....

9 Nadar contra corriente:

....

10 Poner nuestro granito de arena:

....

Paso 2

Los siguientes recursos de estilo están extraídos del texto. Indica de qué recurso se trata y explica el significado de la frase.

1 La ecología es poco amiga del consumismo:

....

....

2 La fiebre consumista:

....

....

3 Un auténtico drama para el planeta:

....

....

4 Es una auténtica pesadilla para el entorno:

....

....

5 La factura acabamos pagándola todos:

....

....

6 La maquinaria industrial:

....

....

7 Unos hábitos de consumo que no conocen el freno:

....

....

8 La regla de oro de la ecología:

....

....

Actividad 5

Vuelve a leer el texto de la Actividad 1: "El valle". Imagina que eres la protagonista de la historia y escribe una carta a la Organización de Naciones Unidas (ONU) denunciando el problema que sufre tu país por culpa de los residuos electrónicos que recibe de los países más desarrollados.

Paso 1

Elabora un esquema del texto que vas a escribir.

1 Introducción: ....
....

2 Desarrollo: ....
....

3 Conclusión: ....
....

Paso 2

Escribe un borrador del texto.

....
....
....
....
....
....
....
....
....
....

Paso 3

Escribe una carta de entre 500 y 600 palabras a la ONU pidiendo una solución al problema que sufre tu país. Tu texto tiene que cumplir los siguientes requisitos:

• Incluye al menos dos preguntas retóricas, dos metáforas y dos hipérboles

• Utiliza un registro formal

....
....
....
....
....

Capítulo 10

El mundo laboral

Actividad 1

Paso 1

Contesta las siguientes preguntas. Después lee el texto y compara tus ideas.

1 ¿Por qué crees que la gente abandona su país para convertirse en emigrantes?

2 ¿Cuál crees que es el perfil de las personas que salen de España en busca de una vida mejor?

3 ¿A qué países crees que emigran los jóvenes españoles y por qué?

Los españoles vuelven a ser emigrantes

Son bien conocidas en España las imágenes de emigrantes con maletas de cartón que en los años 60 partían a Europa y América en busca de trabajo y una vida mejor.

Este fenómeno, conocido como la "emigración española", acabó en 1973 como consecuencia de la crisis del petróleo y, tras la entrada de España en la Unión Europea y la bonanza económica que la precedió, los emigrantes pasaron a ser cosa del pasado: España se convirtió en un país con un nivel de vida envidiable que ya no producía emigrantes, sino que los acogía.

Aunque España nunca ha destacado por tener una tasa de desempleo baja, nadie había imaginado que la actual crisis dejaría 5.273.600 parados y que se "cebaría" especialmente con los jóvenes. El desempleo juvenil en estos momentos ronda el 50%, y si no fuera por la fuerte emigración de la juventud que se ha producido durante los últimos años sería aún peor.

Según la prensa europea, alrededor de 300.000 jóvenes españoles formados han abandonado el país desde 2008 hasta el 2011, desalentados por la falta de oferta laboral. Según la reforma laboral aprobada por el nuevo gobierno, durante el primer año de contrato las pequeñas y medianas empresas (PYMES) podrán despedir al trabajador sin indemnización ni causa, lo cual supone abrir más aún las puertas al empleo precario y temporal. Los jóvenes de menos de 25 años, por su falta de experiencia, seguirán así abocados a trabajar por un sueldo bajo o a encadenar prácticas no remuneradas. Los recortes que se han hecho en investigación han convertido lo que antes era una oportunidad para formarse en el extranjero en una obligación, y España se enfrenta a una auténtica "fuga de cerebros" que, sin duda, repercutirá a largo plazo en el país, tanto social como económicamente.

Aunque este fenómeno se produce ya desde hace años, hace poco que se ha empezado a hablar de ello y a considerarlo un problema. Esto quizás se deba a que los jóvenes españoles ya no emigran solo a países del norte de Europa, conocidos por su alto nivel de vida, sino que también lo empiezan a hacer a países del este de Europa. El periódico checo Lidové Noviny habla en un artículo reciente de lo mucho que ha aumentado la cantidad de jóvenes inmigrantes del sur de Europa. Se trata de menores de 35 años que buscan trabajo en empresas checas, formados y con buen nivel de inglés.

Lo peor de esta situación es no saber cuánto va a durar. La mayoría de los jóvenes que se van lo ven como algo temporal, piensan en trabajar fuera unos años hasta que "pase la crisis", o al menos su peor parte, para volver a casa y buscar trabajo allí. Sin embargo, ¿qué es lo que les espera? Hay teorías acerca de que a la crisis le seguirá un largo periodo de depresión que durará años, durante los cuales no habrá cambios significativos en la tasa de desempleo, y aún después las cosas no volverán a ser como antes. Muchos de estos jóvenes han crecido con un nivel de vida que difícilmente van a ser capaces de mantener.

Mientras tanto, en España el gobierno sigue haciendo recortes y los jóvenes españoles se marchan huyendo de la pregunta que nadie quiere hacerse: ¿Está la juventud española condenada al desempleo? Solo el tiempo lo dirá.

www.unric.org/es

Paso 2

Contesta las siguientes preguntas basándote en la información recogida en el texto. Justifica tus respuestas.

a ¿Qué llevó a España a dejar de exportar emigrantes en la década de los 70?

....

b Explica en qué consiste la medida recogida en la reforma laboral que se menciona en el texto.

....

c ¿Qué relación existe entre el desempleo y la emigración?

....

d ¿Cómo son, según el texto, los trabajos de los jóvenes que sí han conseguido insertarse en el mercado laboral?

....

e ¿Qué es una "fuga de cerebros"?

....

f ¿Qué podemos esperar que suceda en los próximos años según el artículo?

....

Paso 3

Explica las siguientes cuestiones a partir de las opiniones vertidas en el texto justificando todas tus respuestas:

¿Recuerdas cómo deducir los objetivos del autor de un texto? Revisa el consejo de la Actividad 1 del libro del alumno.

1 ¿Qué opina el autor del texto acerca de la crisis económica?

....

2 ¿Crees que emigrar es algo positivo o negativo para el autor?

....

3 ¿Qué le parece al autor la última reforma laboral llevada a cabo por el gobierno de España?

....

4 ¿Cuál es el objetivo u objetivos principales del autor al escribir este texto? Elige las opciones correctas y explica por qué.

    a Denunciar la alta tasa de desempleo que sufre España

    b Protestar contra la última reforma laboral

    c Expresar su opinión acerca del fenómeno migratorio que está experimentando el país

  d Todas las respuestas anteriores son correctas

  e Ninguna de las respuestas anteriores es correcta

....

....

Actividad 2

Explica el significado de las siguientes expresiones del texto:

1 Bonanza económica

....

2 Desempleo juvenil

....

3 Despedir sin indemnización ni causa

....

4 Empleo precario y temporal

....

5 Largo período de depresión

....

Actividad 3

Paso 1

Contesta las siguientes preguntas. Después lee el siguiente texto y compara tus respuestas.

1 ¿Cómo crees que te sentirías si tuvieras que abandonar tu país por motivos de trabajo?

2 Lee el título del relato que se propone a continuación. ¿Cuál crees que será el argumento del texto?

El adiós

Como cada día, Javier se levantó de la cama muy temprano. Pero aquel no era, sin embargo, un día como todos los demás: las piernas le temblaban solo de pensar en el viaje que tenía por delante. Aunque se había pasado los últimos meses evitando pensar en el momento de partida, ahora lo tenía encima de sus hombros, apretando su pecho y **constriñendo** *su corazón. Ya no podía* **evadirse** *de sus pensamientos. Era hoy: hoy se iría para siempre o, cuando menos, durante una larga temporada.*

Cogió las dos maletas que había dejado hechas la noche anterior y salió de casa. No había nadie de quien despedirse. Odiaba las despedidas y no le había dicho a nadie la hora exacta en la que tendría que ir al aeropuerto. No quería sorprenderse a sí mismo llorando delante de toda su familia, o forzando una sonrisa cuando lo único que sentía era **angustia** y miedo. Tampoco quería ver a sus padres experimentando ese dolor incomparable que se siente cuando un hijo sale de tu vida.

En la calle, delante de su casa, el taxista esperaba sentado al volante de un viejo coche.

— ¿ Le ayudo con eso? —dijo el conductor refiriéndose a las maletas.

— Muchas gracias, muy amable —contestó Javier al tiempo que ambos metían el equipaje en el maletero del coche.

— Al aeropuerto, por favor —indicó el joven cuando ambos estaban ya sentados en el interior del vehículo.

— Muy bien —respondió el taxista–. ¿Vacaciones? —preguntó.

"Qué más quisiera", pensó Javier. No. No era un viaje de placer. Aunque estaba emocionado ante la perspectiva de una nueva vida y un mundo de posibilidades que se abría ante él, la verdad es que sí hubiera preferido irse de vacaciones o, simplemente, haber tenido la suerte de encontrar un empleo más cerca de su casa.

— No —contestó Javier, después de unos segundos de silencio que a punto estuvo de volverse incómodo–. Trabajo.

El conductor del taxi en seguida se dio cuenta de que el joven no tenía demasiadas ganas de hablar, así que a partir de ese momento, el viaje al aeropuerto transcurrió en el más **sepulcral** de los silencios, un silencio que taladraba la mente de Javier y que revolvía todos sus pensamientos entremezclándolos en una nube de **nostalgia**, rabia y esperanza.

Al llegar a su destino, el joven se despidió del conductor y caminó con sus dos maletas los escasos metros que separaban la parada de taxis de la terminal. Notó que sus pies se arrastraban holgazanes por el asfalto, como si se negaran a acompañarlo en esta inesperada aventura. Pero en seguida se sacudió todos esos oscuros pensamientos que lo retenían y empezó a centrarse en los aspectos positivos del viaje: un nuevo trabajo en relacionado con sus estudios, un nuevo país, nuevos compañeros, nuevas amistades… La oportunidad que siempre había esperado y que nunca había encontrado de construir una vida, de decidir su propio **destino**.

Pero todos los pensamientos contradictorios que **pululaban** por su mente dejaron de tener sentido cuando, entre la multitud, distinguió una serie de caras conocidas que, claramente, esperaban poder decirle adiós.

Paso 2

Indica si las siguientes afirmaciones son verdaderas o falsas. En caso ser falsas explica por qué.

a Javier se levantó de cama con energía e ilusión ante la perspectiva de su viaje.

....

b Javier odiaba las despedidas porque no le gustaba expresar sus sentimientos delante de sus seres queridos.

....

c El taxista intentó sonsacar a Javier todos los detalles de su viaje.

....

d Javier tenía sentimientos encontrados, pero lo que más le hubiera gustado habría sido encontrar un empleo cerca de su casa.

....

e A Javier le pareció agradable que el resto del viaje al aeropuerto transcurriera en silencio.

....

f Javier decidió adoptar una actitud positiva ante la perspectiva de una nueva vida.

....

g Encontrarse con caras conocidas en el aeropuerto resultó desagradable para Javier.

....

Paso 3

Escribe en dos líneas qué crees que intenta expresar el autor del texto por medio de esta historia. Justifica tu respuesta.

....

....

Paso 4

Las siguientes ideas y opiniones están basadas en los hechos descritos en la historia. Identifica estos hechos en el texto e indica a continuación en qué párrafo o párrafos se mencionan.

1 Ante una situación como la que vive el protagonista, es inevitable sentir una montaña rusa de emociones:

....

2 Emigrar es una decisión muy importante que cambia para siempre la vida de las personas:

....

3 Los taxistas suelen respetar la intimidad de las personas cuando se dan cuenta de que son reticentes a expresarse:

....

4 El silencio es bueno para reflexionar sobre los problemas de la vida:

....

5 Javier es un holgazán que no quiere trabajar:

....

6 Las despedidas siempre son amargas:

....

7 Cuando no se quiere ir a un sitio, parece como si nuestras piernas no nos respondieran:

....

8 En general, emigrar por motivos laborales es algo positivo si tienes la oportunidad de desarrollarte personal y profesionalmente:

....

Actividad 4

Indica el significado de las palabras en negrita basándote en el contexto y sin la ayuda del diccionario.

1 Constreñir: ....

....

2 Evadirse: ....

....

3 Angustia: ....

....

4 Perspectiva: ....

....

5 Sepulcral: ....

....

6 Nostalgia: ....

....

7 Destino: ....

....

8 Pulular: ....

....

Actividad 5

Vuelve a leer el texto de la Actividad 3: "El adiós" y continúa la historia.

Paso 1

Completa el siguiente cuadro con los elementos que vas a incluir en tu historia.

Personajes:	
Tiempo:	
Espacio:	
Argumento:	
Final:	

Paso 2

Elabora un esquema del texto que vas a escribir.

1 Introducción: ....
....

2 Nudo: ....
....

3 Desenlace: ....
....

Paso 3

Escribe una continuación de esta historia de entre 500 y 600 palabras. Tu texto tiene que cumplir los siguientes requisitos:

¿Recuerdas cómo escribir un diálogo ficticio? Revisa el consejo de la Actividad 3 del libro del alumno.

- Escribe el diálogo que mantiene el protagonista con las personas que le van a decir adiós al aeropuerto

- Describe su viaje en avión

- Describe los sentimientos de los protagonistas

....
....
....
....
....
....
....
....
....
....
....
....
....
....
....
....
....
....
....
....

....

....

....

....

....

....

¿Recuerdas cómo
analizar un texto?
Revisa el consejo
de la Actividad 4 del
libro del alumno.

Actividad 6

Escribe un análisis de 500 palabras del texto de la Actividad 3: "El adiós"

....

....

....

....

....

....

....

....

....

....

....

....

....

....

....

....

....

....

....

....

Actividad 1

Paso 1

El siguiente texto es un fragmento de un cuento de Leopoldo Alas "Clarín", titulado "Boroña". En él se relata el regreso de un indiano, don José Gómez y Suárez (o Pepe Francisca), a su pueblo natal en Asturias. ¿A qué piensas que puede referirse el título? Lee el texto y comprueba.

Quedó el indiano solo, rodeado de baúles, en mitad de la carretera. Era su gusto. Quería verse solo allí, en aquel paraje con que tantas veces había soñado. Ya sabía él, allá desde Puebla, que la carretera cortaba ahora el Suqueru, el prado donde él, a los ocho años, apacentaba las cuatro vacas de Francisquín de Pola, su padre. Miraba a derecha e izquierda; monte arriba, monte abajo, todo estaba igual. Solo faltaban algunos árboles y... su madre. Allá enfrente, en la otra ladera del angosto valle, estaba la humilde casería que llevaban desde tiempos remotos los suyos.

Ahora vivía en ella su hermana Rita, en el Suqueru, casada con Ramón Llantero, un indiano frustrado, de los que van y vuelven a poco sin dinero, medio aldeanos y medio señoritos, y que tardan poco en sumirse de nuevo en la servidumbre natural del terruño y en tomar la pátina del trabajo que suda sobre la gleba. Tenían cinco hijos, y por las cartas que le escribían conocía el ricachón que la codicia de Llantero se le había pegado a Rita, y había reemplazado al cariño. Los sobrinos no le conocían siquiera. Le querían como a una mina.

Y aquélla era toda su familia. No importaba; quisiéranle o no, entre ellos quería morir: morir en la cama de su madre. ¡Morir! ¿Quién sabía? Lo que no habían podido hacer las aguas de Vichy, los médicos famosos de Nueva York, de París, de Berlín, las diversiones del mundo rico, los mil recursos del oro, podría conseguirlo acaso el aire natal; pobre frase vulgar que él repartía siempre para significar muchas cosas distintas, hondas complicaciones de un alma: faltaba vocabulario sentimental y sobraba riqueza de afectos. Lo que él llamaba exclusivamente el aire natal era la pasión de su vida, su eterno anhelo; el amor al rincón de verdura en que había nacido, del que le habían arrojado de niño, casi a patadas, la codicia aldeana y las amenazas del hambre. Era un chiquillo enclenque, soñador, listo pero débil, y se le dio a escoger entre hacerse cura de misa y olla o emigrar; y como no sentía vocación de clérigo, prefirió el viaje terrible, dejando las entrañas en la vega de Prendes, en el regazo de Pepa Francisca.

La fortuna, después de grandes luchas, acabó por sonreírle; pero él la pagaba con desdenes, porque la riqueza, que procuraba por instintos de imitación, por obedecer a las sugestiones de los suyos, no le arrancaba del corazón la melancolía. Desde Prendes le decían sus parientes: «¡No vuelvas! ¡No vuelvas todavía! ¡Más, más dinero! ¡No te queremos aquí hasta que ganes todo lo que puedas!» Y no volvía; pero no soñaba con otra cosa. Por fin, sucedió lo que él temía: que faltó su madre antes de que él diese la vuelta, y faltó la salud, con lo que el oro acumulado tomó para él color de ictericia. Veía con terrible claridad de moribundo la inutilidad de aquellas riquezas, convencional ventura de hombres sanos que tienen la ceguera de la vida inacabable, del bien terreno sólido, seguro, constante.

Otra cosa amarilla también le seducía a él, le encantaba en sus pueriles ensueños de enfermo que tiene visiones de vida sana y alegre. Le fatigaban las ideas abstractas, sin representación visible, plástica, y su cerebro tendía a simbolizar todos los anhelos de su alma, los anhelos de vuelta al aire natal, en una ambición bien humilde, pero tal vez irrealizable... La cosa amarilla que

> tanto deseaba, con que soñaba en Puebla, en París, en Vichy, en todas partes, oyendo a la Patti en Covent Garden, paseándose en Nueva York por el Broadway, la cosa amarilla que anhelaba saborear era... un pedazo de torta caliente de maíz, un poco de boroña (borona), el pan de su infancia, el que su madre le migaba en la leche, y que él saboreaba entre besos.

Paso 2

Realiza las siguientes actividades:

1   Explica con tus propias palabras por qué don José quería quedarse solo al bajarse del coche.

2   Lee desde "ahora vivía" hasta "había reemplazado al cariño". ¿Por qué crees que don José y su cuñado no tenían una buena relación? Razona tu respuesta.

3   Explica por qué dice don José que sus sobrinos le querían "como una mina".

4   ¿Qué efecto positivo piensa don José que puede tener su regreso a su tierra natal?

5   ¿Por qué se dice en el texto que a don José, de joven, se le dieron dos opciones, "hacerse cura de misa y olla, o emigrar"?

6   ¿Qué piensas que simboliza para don José el comer boroña?

Paso 3

Realiza las siguientes actividades de lengua:

1   Explica el efecto que produce el uso del diminutivo en la palabra "terruño".

2   Busca en el texto palabras que signifiquen lo mismo que las siguientes:

Estrecho	Meterse	Capa	Profundo
Débil	Felicidad	Infantil	Deseos

3   Explica la función de las comas, puntos y comas, y puntos suspensivos, en el siguiente fragmento del texto:

"Ya sabía él, allá desde Puebla, que la carretera cortaba ahora el Suqueru, el prado donde él, a los ocho años, apacentaba las cuatro vacas de Francisquín de Pola, su padre. Miraba a derecha e izquierda; monte arriba, monte abajo, todo estaba igual. Solo faltaban algunos árboles y... su madre."

4   Reescribe con tus propias palabras la siguiente frase:

"Veía con terrible claridad de moribundo la inutilidad de aquellas riquezas, convencional ventura de hombres sanos que tienen la ceguera de la vida inacabable, del bien terreno sólido, seguro, constante."

....

....

5   Explica con tus propias palabras lo que es un "indiano".

Paso 4

Lee este otro fragmento del cuento y decide dónde colocar los puntos y las comas.

Pero el aire natal no le fue propicio Después de una noche de fiebre llena de recuerdos y del extraño malestar que produce el desencanto de encontrar frío mudo el hogar con que se soñó de lejos

Pepe Francisca se sintió atado al lecho sujeto por el dolor y la fatiga En vez de comer boroña como anhelaba tuvo que ponerse a dieta Sin embargo ya que no podía comer aquel manjar soñado quiso verlo y pidió un pedazo del pobre pan amarillo para tenerlo sobre el embozo de la cama y contemplarlo y palparlo.

Paso 5

Escribe un texto comparando la experiencia de los emigrantes en el pasado y en la actualidad. Debes centrar tu respuesta en:

- Las diferentes razones para emigrar

- La distinta manera de mantener el contacto con la tierra natal y con la familia

- El regreso

Escribe unas 250–300 palabras. Basa tu respuesta en el ejemplo que te da este texto y las ideas en él recogidas, utilizando tus propias palabras.

....

....

....

....

....

....

....

....

....

....

....

....

....

Actividad 2

Paso 1

Lee el título del Texto 1. ¿Piensas que el texto va a describir el éxito de la educación bilingüe en España, o a debatirlo? Razona tu respuesta.

Texto 1

El éxito de la educación bilingüe en España

No cabe duda de que en las últimas décadas la globalización ha acelerado el asentamiento del inglés como lengua franca internacional. Se dice que hoy en día la mayor parte de las conversaciones en este idioma tienen lugar entre interlocutores que no son nativos, sino que lo han adquirido como lengua adicional para su uso en ámbitos lúdicos o profesionales. De hecho, de forma paralela al inglés estándar, muchos hablantes dominan formas especializadas como el inglés de los negocios, de la informática o de las ciencias, necesarios para su trabajo.

Si a esta realidad le sumamos los efectos de la recesión económica y el aumento de la emigración de los jóvenes españoles, no es de extrañar que en años recientes se haya decidido implementar programas de educación bilingüe en los colegios. En tiempos pasados las familias más acomodadas complementaban la enseñanza del inglés con profesores particulares, cursos de verano en Gran Bretaña o Irlanda, e incluso estancias de un año en los Estados Unidos. En algunos casos los padres optaban por colegios bilingües privados. Con el deseo de dar oportunidades a los alumnos procedentes de familias de ingresos medios y bajos, y evitar así la segregación social, el estado ofrecía una serie de becas, así como las titulaciones de las Escuelas Oficiales de Idiomas. En esta línea, la implementación generalizada de la educación bilingüe en los colegios estatales de primaria y secundaria parece justa y acertada, y una simple continuación del proyecto anterior, que se afana por mejorar la competencia lingüística de los ciudadanos españoles.

Sin embargo, es posible preguntarse si esta actual obsesión de los padres españoles por el inglés se ve motivada por una especie de desesperación por prepararles lo mejor posible para su futuro en un mercado laboral más competitivo. En un artículo publicado en la revista de información y pensamiento *Atlántica*, Primitivo Abella Cachero, profesor de un instituto de educación secundaria, presenta un panorama desolador, en el que los bajos costes laborales convertirían a España en un destino atractivo para las multinacionales, llegando a competir incluso con China. La propiedad inmobiliaria acabaría también en manos extranjeras, sobre todo en las zonas turísticas, y el sector se vería obligado a ofrecer paquetes vacacionales cada vez más económicos. Para los trabajadores en estos campos laborales, y para aquellos mejor cualificados que decidan emigrar, el inglés y posiblemente el alemán se convierten en una importante baza. Así, la educación bilingüe en cierto modo no trataría de llevar a España al nivel multilingüe de otras naciones europeas, sino que se plantearía como algo meramente instrumental e incluso como un estímulo a la emigración.

Como muchos padres empiezan a apuntar, no obstante, el inglés no es lo único que los jóvenes necesitan para conseguir un buen trabajo el día de mañana. Igualmente imprescindibles son los conocimientos de ciencias o matemáticas, asignaturas que actualmente en muchos colegios se imparten en inglés. Comienzan a oírse voces que cuestionan las cualificaciones, competencia y experiencia de los profesores encargados de preparar y dar sus clases en esa lengua. Parece lógico pensar también que la capacidad que tengan los alumnos determinará además su comprensión de la materia, y que aquellos que dominen menos el inglés tendrán a su vez menos medios para hacerle preguntas al profesor y entender después sus explicaciones. La lengua vehicular se convierte entonces en un obstáculo para el aprendizaje de estas asignaturas.

Nadie duda de las ventajas personales y laborales que proporciona el dominio de una lengua extranjera. Más aún, hay estudios que apuntan a que el bilingüismo tiene inclusive efectos positivos sobre la salud, retrasando el inicio de enfermedades como el Alzheimer. De hecho, España es ya un país plurilingüe en varias de sus comunidades autónomas, donde la enseñanza de idiomas como el inglés o el francés convive con la del español, el catalán, el gallego o el vasco. Muy probablemente toda la sociedad estaría de acuerdo en que el éxito de una educación bilingüe o plurilingüe en España dependerá de una fuerte inversión económica que proporcione un profesorado competente y motivado, y de una política consensuada que facilite una implantación gradual y flexible basada en argumentos pedagógicos.

Paso 2

Realiza las siguientes actividades:

1 ¿Está el autor del texto a favor o en contra de la implantación de la educación bilingüe en España? Razona tu respuesta.

2 Vuelve a leer el fin del tercer párrafo desde "así, la educación bilingüe en cierto modo" hasta "un estímulo a la emigración". Explica con tus propias palabras los motivos por los que se ha implantado la educación bilingüe, según el autor.

3 Busca en el texto un ejemplo de un argumento de autoridad.

4 Busca en el texto un ejemplo de un argumento lógico.

5 Escribe tres argumentos diferentes en apoyo de la educación bilingüe.

....

....

....

Paso 3

Texto 2

Comunicado del claustro de profesores del IES "Espronceda" en respuesta a la polémica despertada por la próxima implantación de la educación bilingüe en nuestro centro

El presente comunicado tiene como objetivo aclarar las dudas y desmentir los rumores que ha ocasionado la inminente implantación de la educación bilingüe en nuestro instituto.

En primer lugar, queremos enfatizar ante todo que la educación bilingüe va a ser completamente optativa. Los alumnos que lo deseen podrán realizar sus estudios de forma convencional, aunque continuaremos ofreciendo la optativa de la segunda lengua extranjera (francés). Instamos a los padres a que discutan con sus hijos la posibilidad de decantarse por la educación bilingüe, y que se informen adecuadamente a través de los documentos y enlaces proporcionados en la página web del centro.

En segundo lugar, reiteramos que todo el personal lectivo involucrado en la enseñanza bilingüe está suficientemente cualificado y ha asistido a todos los programas de formación marcados por el ministerio. Adicionalmente, para el próximo curso contaremos con el apoyo de dos lectores (personal auxiliar procedente de Gran Bretaña) que trabajarán no solamente en las clases de inglés, sino también en las de matemáticas y geografía, gracias a un convenio con la universidad, donde también trabajarán a tiempo parcial.

Rogamos encarecidamente a los padres y alumnos que tengan cualquier clase de pregunta que se dirijan a los profesores y al equipo directivo. Estaremos encantados de resolver todas las dudas, en la medida de lo posible. Creemos que este innovador proyecto educativo puede ser extremadamente beneficioso para los jóvenes, y apostaremos fuerte, y con imaginación, para implantarlo con éxito.

¿Cómo puedes seleccionar información de varios textos para elaborar un escrito de respuesta? Compruébalo leyendo de nuevo el consejo en la Actividad 1del libro del alumno.

77

Lee los textos 1 y 2, y escribe una carta al periódico local (500 palabras) en defensa de la educación bilingüe en tu instituto. Debes centrarte en los siguientes puntos:

- Las ventajas personales y laborales que te va a dar la educación bilingüe
- La defensa de tus profesores
- El apoyo de los lectores en las clases de inglés, matemáticas y geografía

Basa tu escrito en la información y las ideas expuestas en los dos textos, utilizando tus propias palabras.

....

....

....

....

....

....

....

....

....

....

....

....

....

....

....

....

....

....

....

....

....

....

....

....

....

....

....

Actividad 1

Paso 1

Lee el texto "El mago de los *bitcoins*" y determina cuál es la postura del autor del artículo. Señala la respuesta correcta.

a   Es loable que Erik Finman haya alcanzado el éxito siendo tan joven, pero se trata de un caso aislado y los jóvenes no deberían apartarse del camino educativo convencional.

b   El éxito de Erik Finman demuestra que los jóvenes tienen una variedad de caminos posibles a la hora de decidir su futuro.

El mago de los *bitcoins*

Erik Finman no es el primer joven que confiesa abiertamente que no le gustaba el colegio, pero es probable que sea uno de los pocos que decidió hacer algo productivo al respecto, creando una empresa educativa en línea llamada Botangle, lo que se conoce como un *startup*. A los quince años, podía vanagloriarse de tener 20 empleados a nómina dentro de este proyecto.

Erik nació en los Estados Unidos en 1998, precisamente el año en que se fundó Google. El talento innovador le viene de familia, ya que su padre es licenciado en Ingeniería Eléctrica, y su madre, en Física, y cuentan con su propia compañía tecnológica. Se dice de ellos que han creado dispositivos con aplicaciones militares, hoy en día en uso en el Ejército de los Estados Unidos. No es así de extrañar que cuenten con una casa imponente en el condado de Idaho e incluso un criadero de llamas.

Los hermanos de Erik no están menos dotados. Su hermano Scott fue un niño prodigio e inició sus estudios en la universidad a los dieciséis años. El otro hermano, Ross, trabaja en el instituto de robótica de la Universidad Carnegie Mellon.

Erik no les va a la zaga. Cuando su abuela le entregó un sobre con 1.000 dólares de propina, decidió invertirlos en *bitcoins*, la moneda que circula en internet. Dieciocho meses más tarde descubrió que su capital se había transformado en 100.000 dólares que optó por reinvertir en su proyecto Botangle.

Los dos hermanos de Erik no asistieron al colegio, sino que la familia se decantó por que se educaran en casa. Por el contrario, Erik tuvo que ir a la escuela porque en esa época la empresa de sus padres comenzaba a tener éxito y eso no les dejaba el tiempo necesario para ocuparse de los estudios de Erik. Su experiencia en el colegio fue muy negativa, a causa de los maltratos de los matones y la cortedad de miras del profesorado. Como admitió en una entrevista, esa etapa de su vida le marcó: "En primaria, todos me odiaban, lo que me dejó hundido durante mucho tiempo".

Erik supo encontrar una manera creativa de salir de la situación. Cuando leyó un libro de Alexis Ohanian, cofundador de Reddit, se dijo a sí mismo que la solución a su problema pasaba por montar su propio negocio. Así nació Botangle, un punto de encuentro entre personas que desean aprender algo y aquéllas que saben cómo enseñarlo. En este proyecto no existe una unidad temática ni se persiguen cualificaciones. Sencillamente, se pueden transmitir los conocimientos o las destrezas a través de vídeos educativos. Erik explica que creó Botangle para sustituir a sus profesores, y de paso resolvió todo el asunto dejando el colegio: "Tal como funcionan los colegios hoy, creo que nadie tendría que ir a ellos. Siempre detesté la escuela profundamente. Fui a ocho escuelas distintas y ninguna me gustó".

Como es de esperar, los padres de Erik no se han echado las manos a la cabeza ante lo sucedido. La actitud de las familias ante las novedosas opciones de futuro de la juventud se ha alterado profundamente durante las últimas décadas. Brent Hoberman, fundador de la empresa de proyectos tecnológicos Founders Forum, señala que "hay un cambio radical en el futuro y la naturaleza del trabajo. Cuando yo estudiaba en la universidad, eso de convertirte en emprendedor no era una opción profesional. Hoy sí que lo es. A los padres ahora les parece bien, lo que supone un gran cambio de mentalidad".

Pronto los jóvenes emprendedores como Erik dejarán de sorprendernos por lo excepcional. Muchachos como Jack Andraka (18 años, luchador contra el cáncer) o Camille Beatty (15 años, innovadora en robótica) constituyen ya nuevos modelos a seguir para los jóvenes de nuestros días, aunque no se inclinen por trayectorias educativas convencionales en sus campos.

Paso 2

Realiza las siguientes actividades:

1 Explica con tus propias palabras la relación entre la experiencia de Erik Finman en el colegio y su decisión de invertir su capital en la creación de Botangle.

2 Explica con tus propias palabras el significado de las siguientes palabras y expresiones:

> Vanagloriarse de algo   Niño prodigio   Ir a la zaga   Decantarse por algo
> Echarse las manos a la cabeza   Novedoso   Jóvenes emprendedores

3 Escribe tres argumentos a favor de la escolarización convencional, tres argumentos a favor de la enseñanza en casa, y tres argumentos a favor de la actividad empresarial juvenil.

....

....

....

....

....

....

....

....

....

4 Reescribe con tus propias palabras la conclusión del texto.

....

....

....

....

5 Reflexiona sobre la reacción que despierta en ti la experiencia de Erik Finman y escribe un texto (250–300 palabras) sobre tus propios planes de futuro.

....

....

....

....

....

....

....

....

....

....

....

....

....

Paso 3

Rellena los huecos con un conector o un marcador del discurso.

A pesar de por no obstante aunque pero

1 La escolarización convencional continúa siendo la opción preferida por la mayoría de los padres, ... haya habido muchos otros experimentos educativos a lo largo de la historia.

2 Ha habido muchos experimentos educativos a lo largo de la historia. ...., la escolarización convencional continúa siendo la opción preferida por la mayoría de los padres.

3 Ha habido muchos experimentos educativos a lo largo de la historia, ... la escolarización convencional continúa siendo la opción preferida por la mayoría de los padres.

4 .... los muchos experimentos educativos que ha habido a lo largo de la historia, la escolarización continúa siendo la opción preferida por la mayoría de los padres.

5 .... muchos experimentos educativos que haya habido a lo largo de la historia, la escolarización convencional continúa siendo la opción preferida por la mayoría de los padres.

¿Cómo puedes escribir un texto argumentativo? Compruébalo leyendo de nuevo los consejos de la Actividad 2, Capítulo 11 del libro del alumno.

Paso 4

Escribe un texto argumentativo (500–800 palabras) sobre el siguiente tema: "El valor de la educación". Utiliza tu punto de vista personal, pero infórmate a través de los textos que has leído en este capítulo en el libro del alumno y el cuaderno de ejercicios.

....
....
....
....
....
....
....
....
....
....

Actividad 2

Paso 1

¿Qué paradoja encierra el título de este cuento, "Una merienda sobrenatural"?

Paso 2

Una merienda sobrenatural

La primera sorpresa fue la desaparición casi instantánea del anuncio. Era una cartulina con caligrafía primorosa, anticuada, que anunciaba el próximo encuentro del Club "Convidados de piedra", abierto a nuevos miembros interesados en la literatura gótica. Había estado ahí claramente, entre los anuncios de clases particulares y pisos compartidos del panel situado a la entrada del cafetín. Y sin embargo, cuando Cristina y la chica a la que acababa de conocer, Marta, volvieron para sacarle una foto con el móvil, la invitación se había desvanecido como por arte de birlibirloque.

Afortunadamente, ambas se acordaban del lugar y la hora de la cita: las siete de la tarde en el huerto de Calisto y Melibea. Se aconsejaba vestir de negro y llevar algo de comida o bebida para lo que se describía como "una merienda sobrenatural". Ambas salieron del café un tanto confusas, pero riéndose.

— ¿Qué se lleva a una merienda sobrenatural? ¿Cabello de ángel? –se preguntó Marta.

— ¿Tocinillos de cielo? – aventuró Cristina.

De no haberse dado la casualidad de que ambas estuviesen allí, leyendo el anuncio aquella mañana de noviembre, ni Cristina ni Marta se hubieran atrevido a acudir solas a la cita. Por suerte, ahora acordaron encontrarse a la entrada de un supermercado cercano, a las seis y media, para comprar algo y llegar juntas a la reunión. A Cristina, Marta le había caído fenomenal, y con tal de entablar amistad con ella hubiese sido capaz de acompañarla a un recital de poesía barroca o a un torneo de ajedrez.

¡Hacía tanto tiempo que no congeniaba con nadie! Cristina llevaba ya casi dos meses en Salamanca, y el primer año de carrera no estaba resultando tan emocionante como lo había imaginado desde las aulas del instituto. Había alquilado un piso junto con otras tres chicas de Toro, amigas de toda la vida, pero su comunión, tan aparentemente sólida, se había resquebrajado como una figurita de cristal ante los embates de una mudanza. Susana no había soportado ni el primer mes, y había regresado a Toro para incorporarse al negocio familiar. Isabel, tan modosita, se había echado un novio "alternativo" que Cristina sabía que aterrorizaría a sus padres si un día llegaran a conocerlo. Isabel se había tatuado su nombre y se había teñido el pelo de color verde musgo. Incluso Clara, estudiante de Medicina, había empezado a salir con un chico de tercero. Ambos eran terriblemente estudiosos, y Cristina se los imaginaba de directores del Hospital Provincial antes de cumplir los veinticinco.

Así que Cristina se había sentido un tanto sola casi desde el principio. Aunque en clase charlaba con sus compañeros, no parecía encajar en ninguno de los grupos que se iban formando en las tertulias de los pasillos y las mesas de la cafetería. Ahora en el primer trimestre del curso el estudio no apremiaba, y Cristina se dedicaba a vagabundear por Salamanca, descubriendo rincones misteriosos, cafeterías acogedoras y librerías bohemias. Y así era como había llegado ante el cartel de los "Convidados de piedra" y a la sonrisa dulce de Marta.

Al final compraron un hornazo en una confitería. Después de todo, como apuntó Marta, toda aquella grasa bien podría llevarte al otro mundo. Cuando se adentraron en el huerto de Calisto y Melibea, un tanto desvalido en aquella época del año, la música de una canción de Radio Futura, "Annabel Lee", las guió hacia el pequeño grupo de jóvenes que charlaban sentados en los bancos y en el pretil de piedra. Fieles a sus instrucciones, todos vestían de negro, con prendas anacrónicas, casi teatrales: chaquetillas de terciopelo, pantalones bombachos, camisas de chorreras. Sobre una manta habían colocado la comida, y una muchacha enseguida las recibió, entregándoles fotocopias de unas poesías que se iban a comentar. La merienda resultó ser un cruce extraño entre un cumpleaños infantil y un concurso de tortillas de patatas; el lado sobrenatural lo aportaban los libros de Edgar Allan Poe, las hermanas Brönte, y Gustavo Adolfo Bécquer.

De inmediato, Marta y Cristina se sintieron muy a gusto, hablando distendidamente con todos. Cristina notó cómo se aligeraba la tensión que había dominado sus relaciones con la gente desde que llegó a Salamanca. Reía, compartía abiertamente sus opiniones y sus anécdotas, miraba con decisión a sus nuevos amigos, a los ojos.

Fue así como, según iba conversando con unos y con otros, terminó dándose cuenta de que todos, absolutamente todos excepto Marta y ella, tenían los ojos azules y las miraban con benevolencia, satisfechos con el resultado de la reunión.

"EL CONVIDADO DE PIEDRA"

El burlador de Sevilla, también conocida como *El convidado de piedra*, es una obra de teatro escrita por Tirso de Molina en el siglo XVII, y recrea el mito del Don Juan. Durante una escena, don Juan se detiene ante la tumba de un hombre al que ha asesinado y le desafía a presentarse como invitado a una cena. El título de la obra alude a la estatua de la tumba, que parece revivir para acudir a la cena.

Lee el cuento "Una merienda sobrenatural" y realiza las siguientes actividades:

1 ¿Cuál es el primer acontecimiento del cuento que podría describirse como "fantástico"?

2 En tu opinión, ¿qué elementos apuntan a que esta reunión del club "Convidados de piedra" es una realidad un tanto improbable?

3 ¿Por qué piensas que la tensión había dominado las relaciones que Cristina había tenido con la gente desde su llegada a Salamanca?

4 ¿Por qué miran los miembros del club a las dos nuevas amigas "con benevolencia, satisfechos con el resultado de la reunión"?

5 ¿Es "Una merienda sobrenatural" un cuento de fantasmas convencional? Razona tu respuesta.

Paso 3

Realiza las siguientes actividades de lengua:

1 Busca en el texto un sinónimo de las siguientes palabras y expresiones:

Esfumarse	Por arte de magia	Llevarse bien con alguien	Unión
	Romperse	Golpes	Agobiar	Pasado de moda

2 ¿Por qué se describe la relación entre Cristina y sus amigas de Toro como una figurita de cristal que se resquebrajase ante los embates de una mudanza?

3 ¿Por qué se dice del huerto de Calisto y Melibea que está "desvalido en aquella época del año"?

4 ¿Qué efecto produce la combinación de los diferentes elementos de la merienda (la ropa, la comida, los libros)?

5 Lee la información cultural sobre la obra de Tirso de Molina *El burlador de Sevilla* o *El convidado de piedra*, y explica por qué el club se llama "Convidados de piedra".

Paso 4

Sustituye el verbo "hacer" en las siguientes frases por otro más preciso o complejo.

1 Cristina y sus compañeras de piso **hicieron** un pacto para reanudar su amistad: irían juntas al cine una vez a la semana.

2 Cristina **hizo** nuevas relaciones entre sus compañeros de clase.

3 Los padres de Cristina **hicieron** un viaje a Salamanca para visitarla.

4 **Hacía** ya mucho calor cuando llegó la temporada de exámenes.

5 Cristina tenía que **hacer** muchos trabajos escritos para la clase de Literatura Española.

Paso 5

Escribe un texto narrativo (500–800 palabras) tomando una de las tres opciones siguientes:

a La continuación de *Una merienda sobrenatural*, adoptando el punto de vista de Marta, la nueva amiga de Cristina

b Un cuento de fantasmas "buenos"

c Una historia de un grupo de estudiantes que comparten piso durante el primer año de carrera

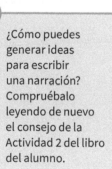

¿Cómo puedes generar ideas para escribir una narración? Compruébalo leyendo de nuevo el consejo de la Actividad 2 del libro del alumno.

Acknowledgements

The authors and publishers acknowledge the following sources of copyright material and are grateful for the permissions granted. While every effort has been made, it has not always been possible to identify the sources of all the material used, or to trace all copyright holders. If any omissions are brought to our notice, we will be happy to include the appropriate acknowledgements on reprinting.

Un espacio para nuestra cultura: El testimonio de un joven indígena desplazado from http://www.acnur.org/ © UNHCR/ACNUR/S.Abondano ; 'Chris Tara', Gallego, Laura, *La Resistencia*, Madrid, Ediciones SM, 2007 (tercera edición), pp. 299-300 © Laura Gallego; *¡Pide otra pizza, por favor!* Carazo, Jesús, Madrid, Ediciones SM, 2003, pp. 114-117 © Jesús Carazo www.jesuscarazo.com; *¿Carnaval o Halloween?* from http://blog.enfocamp.es/halloween-a-la-espanola/; *Patagonia Express* Luís Sepúlveda and Tusquests editores, S. A., 1995 by arrangement with Literarische Agentur Mertin Inh. Nicole Witt e. K, Frankfurt am Main, Germany; *Viaje a las Islas de Pascua* "José Miguel Redondo (Sele), viajero y escritor de viajes" www.elrincondesele.com/escenas-y-escenarios-de-mi-viaje-a-isla-de-pascua with photo John Kardys Photography/Getty Images; *La Formula E* (adapted) www.lavanguardia.com/20160322/40615024059/formula-e-formula-1-ecologica-electrico.html; *Elon Musk y el coche eléctrico* from http://movilidadelectrica.com/entrevista-a-elon-musk-en-la-bbc/; *Azúcar, el combustible del cerebro* from http://www.elcorreo.com/salud/vida-sana/20131106/azucar-curar-diabetes-cerebro-201311062227-rc.htm;l *Ecologismo vs consumismo* from http://www.ecologiaverde.com/vida-natural-vs-consumismo/#ixzz4AnYN1Adc; *Los españoles vuelven a ser emigrantes* http://www.unric.org/es/desempleo-juvenil/279-los-espanoles-vuelven-a-ser-emigrantes © Centro Regional de Información de las Naciones Unidas para Europa Occidental (UNRIC)

Photo Unit 6 Actividad 3 John Kardys Photography/Getty Images